法/学/新/知/文/库

刑事司法改革
观察与展望

周斌 宋东 赵亮 著

四川大学出版社
SICHUAN UNIVERSITY PRESS

项目策划：罗永平　王　冰
责任编辑：罗永平
责任校对：张宇琛
封面设计：墨创文化
责任印制：王　炜

图书在版编目（CIP）数据

刑事司法改革观察与展望 / 周斌，宋东，赵亮著
. — 成都：四川大学出版社，2021.11
（法学新知文库）
ISBN 978-7-5690-5159-9

Ⅰ．①刑… Ⅱ．①周… ②宋… ③赵… Ⅲ．①刑事诉讼—司法制度—体制改革—研究—中国 Ⅳ.
① D925.204

中国版本图书馆 CIP 数据核字（2021）第 231848 号

书　名	刑事司法改革观察与展望
著　者	周斌　宋东　赵亮
出　版	四川大学出版社
地　址	成都市一环路南一段24号（610065）
发　行	四川大学出版社
书　号	ISBN 978-7-5690-5159-9
印前制作	四川胜翔数码印务设计有限公司
印　刷	四川五洲彩印有限责任公司
成品尺寸	170mm×240mm
印　张	8.75
字　数	141千字
版　次	2021年11月第1版
印　次	2021年11月第1次印刷
定　价	40.00元

◆版权所有 ◆ 侵权必究

◆ 读者邮购本书，请与本社发行科联系。
　 电话：(028)85408408/(028)85401670/
　 (028)86408023　邮政编码：610065
◆ 本社图书如有印装质量问题，请寄回出版社调换。
◆ 网址：http://press.scu.edu.cn

四川大学出版社
微信公众号

前　言

　　清末变法以降，中国开启了法律近代化和刑事司法改革的进程（这更多表现为"法律继受"）。虽然一百多年过去了，刑事司法改革之路依然任重而道远。尤其是改革开放至今的四十余年里，尽管整体上我国经历了司法改革、司法体制改革、司法体制综合配套改革三个阶段，但就刑事司法改革而言，仍存在一些有待解决的问题。究其缘由，一来囿于改革本身的复杂性，二来则是伴随改革出现了新问题。无论是刑事程序改革，还是刑事证据和刑事司法体制改革，都需要在"快节奏"的时代不忘"慢思考"，以总结经验教训。基于此，本书从刑事司法改革中的程序、证据和体制三个方面展开论述和分析，集腋成裘，力图对整个刑事司法改革做以小见大、见微知著的探究。

　　本书共分三章。其中，第一章立足于刑事程序改革问题，分别借助分析实证主义"权力"概念和结构主义方法集中讨论审判中心主义。第二章着眼于刑事证据改革问题。在"互联网＋"、大数据时代背景下，电子数据在刑事诉讼中的证据地位凸显，但相关取证程序不尽规范。同时，区块链技术的证据运用也对传统刑事证据理论造成一定冲击，亟须理论回应。此外，信息化侦查中，数据收集还关系到对个人资料自主权的保护问题。这些都是刑事证据法在信息时代面临的新考验，值得关注。第三章聚焦刑事司法体制改革问题。司法责任制改革还面临一些问题，检察制度改革的司法化、刑事涉案财物的认定等问题也有待探讨，紧急状态下的刑事侦讯工作面临更高要求，等等。面对这些新老问题，相应的思考不能缺席。

　　王国维先生曾言："古今之成大事业、大学问者，必经过三种之境界。'昨夜西风凋碧树，独上高楼，望尽天涯路'，此第一境也。'衣带渐宽终不悔,为伊消得人憔悴',此第二境也。'众里寻他千百度,蓦然回首,那人却在灯火阑珊处',此第三境也。"① 刑事司法改革任重道远,若要"拨开云雾见青天",达致"第三重境",则需要驻足观察、省思与展望。出于关注改革发展、回应实践所需、提供理论参考的目的,我们对刑事司法改革中的上述问题进行了细化研究,写成此书。当然,必须承认的是,司法改革是一项全局性工作,疑难问题多样,本书所涉不过沧海一粟。由于时间、篇幅及资料等局限,加之笔者学力有限,相关研究难免存在疏漏,恳望各位专家读者批评指正。

---

① 王国维:《人间词话》,徐调孚校注,中华书局2021年版,第17页。

目 录

第一章 刑事程序改革审视与展望 (1)
  第一节 分析实证主义"权力"概念视角下的审判中心主义 (1)
  第二节 结构主义视角下"以审判为中心"的诉讼制度改革 (12)

第二章 刑事证据改革观察与展望 (31)
  第一节 信息时代电子数据取证程序 (32)
  第二节 区块链技术背景下电子数据运用的实践 (45)
  第三节 信息化侦查中公民个人资料自主权的保护 (61)

第三章 刑事司法体制改革省思与展望 (76)
  第一节 司法责任制改革思考 (76)
  第二节 以诉前会议为起点的检察机关办案方式司法化改革 (86)
  第三节 刑事涉案财物认定的实体法标准初探 (106)
  第四节 紧急状态下侦讯工作的困境及对策 (116)

参考文献 (124)

第一章 刑事程序改革审视与展望

本章立足刑事程序改革问题，主要探讨审判中心主义改革。推进审判中心主义改革是党的十八届四中全会的要求，也是近年来刑事司法改革的重中之重。然而，以审判为中心的诉讼制度改革中存在权力运行逻辑与司法逻辑的不协调问题，深入改革也面临外部机制的诸多限制，因此本章分两节，通过分析实证主义"权力"概念与结构主义方法讨论审判中心主义。一方面，关于侦查、起诉与审判之间的关系是一个绕不开的话题，而这又将涉及对刑事诉讼中的侦查权、检察权与审判权的检讨。透过分析实证主义的"权力"概念，重新审视刑事诉讼中的权力问题，厘清审判权的功能与本质，从而加深对以审判为中心的理解，是十分必要的。另一方面，审判中心主义作为一个"舶来品"，要在我国刑事诉讼"落地生根"，多少会因制度层面的"水土不服"而颇费周章。从刑事诉讼的现实构造和运行机制来看，审判中心主义的确立在一定程度上影响着我国当前刑事诉讼的"线性结构"。确保审判中心主义的进一步落实，需要借助结构主义方法，从具体制度构建层面探索其可行路径。

第一节 分析实证主义"权力"概念视角下的审判中心主义

以审判为中心的诉讼制度改革，对于中国的刑事诉讼理念、模式与制度的转变都是一次重要的尝试。对于以审判为中心的改革的理解，尽管存在诸多不同观点，但是有一个共识：以审判为中心，是为了减少乃至避免冤假错案的发生，实现司法公正，保障司法权威。本节借助分析实证主义的"权力"概念重新审视刑事诉讼中的权力，深化对法院审判权的功能与本质的认识，不仅有助于推进以审判为中心的改革，而且对整体刑事诉讼的变革有所助益。

一、问题的提出

2014年10月，党的十八届四中全会审议通过《中共中央关于全面推进依法治国若干重大问题的决定》，其中指出："推进以审判为中心的诉讼制度改革，确保侦查、审查起诉的案件事实证据经得起法律的检验。"自此，以审判为中心的诉讼制度改革成为学界与实务界探讨的热点。从司法实践来看，近年来为媒体所曝光的"张氏叔侄案""呼格吉勒图案""陈满案"等冤假错案，皆与侦查环节的不当乃至违法侦查手段有着一定的关联。刑事诉讼从侦查、审查起诉到审判，环环相扣，非经法院在审判阶段的最终宣判，任何人都不得被确定有罪。如此，侦查阶段的错误才能有机会由法院在审判阶段纠正。而"侦查中心主义"[①]的实践逻辑则可能导致法院的案件审理沦为形式。此外，认罪认罚制度的推行也在一定程度上冲击着审判中心主义的改革。为了克服侦查中心主义的弊端[②]、减少认罪认罚制度对审判中心主义改革的负面影响，需要重新检视以审判为中心的司法运作逻辑，以确保法院审判功能的有效发挥。

对于以审判为中心的理解，有学者指出："侦查、起诉活动应当面向审判、服从审判要求，同时发挥审判在认定事实、适用法律上的决定性作用。"[③] 这是从侦诉（即侦查与起诉）与审判关系层面来讨论的。基于侦查权、起诉权与审判权的功能不同，刑事诉讼中，对案件事实的最终裁判权归属于法院。从诉讼构造来说，面对有纠纷的两造，法院在听取两造陈述之后，基于证据与自由心证作出判断。作出裁判，既是法

[①] 侦查中心主义，是基于不讲究审判的把关作用、侦查预断审判的角度来说的。
[②] 克服侦查中心主义的弊端并不是否认侦查的重要性，恰恰相反，侦查质量的优劣往往关乎案件质量（即对真相的揭示）的优劣。
[③] 龙宗智：《"以审判为中心"的改革及其限度》，《中外法学》2015年第4期，第847页。

院的职权，也是其责任。只不过，基于刑事诉讼的特殊性——确定并实现国家的刑罚权，诉讼一造的控诉方借助侦查权、起诉权来开展追诉工作，这使得侦诉权与审判权都归属于公权力。那么，同为执掌公权力的机关，侦诉机关（公安机关、检察院）与审判机关（法院）之间似乎不该简单地谈论"谁是主导"的问题，而更多的是各司其职。然而，在司法实践中，侦诉机关更为强势。如同有学者所指出的那样："目前我国公安机关的侦查权仍显过大，缺乏有力的外部司法控制，法院根本没有以司法手段控制侦查的职权。检察机关是侦查监督机关，但法律并没有赋予其指挥侦查和调动警力的权力，也没有赋予其有力措施实现对公安机关侦查活动的控制，这造成了侦查权过大而审判权在其面前相对弱化的状况。"① 正因如此，有观点认为"以审判为中心"不是"以庭审为中心"，也不是以法院、法官为中心，以免挫伤公安和检察机关的办案积极性。② 在笔者看来，以审判为中心，本就是仅从审判权的功能层面来谈的，而不是否认侦查与起诉工作的重要性，更不是否认侦查与起诉机关的工作与地位。之所以出现这种不当理解，除了"以审判为中心"本身的多义性，还在于对刑事诉讼中"权力"概念的认识与理解不够。

一直以来，我国刑事诉讼法学理论与实践对权力的理解，习惯于简单套用政治性话语与逻辑，倾向于以权力的高低（大小）来判断权威的高低（大小）。由此，权力与权威③之间似乎是一种正比例关系④：权力越高（大），权威越高（大）；权力越低（小），权威越低（小）。这样的观念，亦影响乃至塑造着刑事诉讼的"权力观"。犯罪控制模式是中国刑事诉讼的主流，这就使得刑事诉讼制度的设计偏重侦查与起诉权，而相应的规制（尤其是通过执掌审判权的法院来制约）却不足。在当前整体诉讼构造与权力配置不变的情况下，我们该如何理解和看待以审判为

---

① 张建伟：《审判中心主义的实质内涵与实现途径》，《中外法学》2015年第4期，第868页。
② 参见陈卫东：《以审判为中心：解读、实现与展望》，《当代法学》2016年第4期，第15页。
③ 其实，权威与权力是不同的概念。正如季卫东教授所言："权威，即可以促使他人基于信赖而自发接受其规范的力量。……权威不是进行选择的根据，而是要求服从的标准。权威与权力的不同在于其强制性必须基于社会承认，从而形成一种优越的价值，导致自发的遵循。"参见季卫东：《论法制的权威》，《中国法学》2013年第1期，第21页。
④ 对于权力与权威之间的关系，有必要进一步加以讨论。

中心呢？本部分立足于以审判为中心改革的背景，试图对此加以厘清。

二、现行刑事诉讼法中的权力审视

（一）刑事诉讼法中的权力配置

关于刑事诉讼中国家机关的权力之概括性规定，《中华人民共和国刑事诉讼法》（以下简称《刑事诉讼法》）第3条规定："对刑事案件的侦查、拘留、执行逮捕、预审，由公安机关负责。检察、批准逮捕、检察机关直接受理的案件的侦查、提起公诉，由人民检察院负责。审判由人民法院负责。除法律特别规定的以外，其他任何机关、团体和个人都无权行使这些权力。"第5条强调："人民法院依照法律规定独立行使审判权，人民检察院依照法律规定独立行使检察权，不受行政机关、社会团体和个人的干涉。"

从法律文本来看，公安机关享有侦查、拘留、执行逮捕、预审的权力，检察院享有检察、批准逮捕、自侦案件侦查、公诉的权力，① 法院享有审判的权力。并且，审判权专属于法院，检察权专属于检察院，分别由法院与检察院独立行使。通观整部《刑事诉讼法》，"权力"一词仅在第3条第1款中出现过1次。基于对法律用语的明确性强调，可以说，最直观、最清楚地表明一个机关是否享有某种权力，莫过于直接使用"权力"一词予以明示。当然，还可以使用诸如"有权""可以"等词语来表示。例如，《刑事诉讼法》第26条规定："几个同级人民法院都有权管辖的案件，由最初受理的人民法院审判。在必要的时候，可以移送主要犯罪地的人民法院审判。"这里的"有权"，即表示法院有管辖的权力（管辖权）。再如，《刑事诉讼法》第54条规定："人民法院、人民检察院和公安机关有权向有关单位和个人收集、调取证据。有关单位和个人应当如实提供证据。"该条即以"有权"一词表意授权——法院、

---

① 值得一提的是，《刑事诉讼法》第8条指出："人民检察院依法对刑事诉讼实行法律监督。"关于"法律监督"是否属于一种权力，是有争议的。

检察院和公安机关有收集、调取证据的权力。① 而关于"可以"一词，②《刑事诉讼法》第 19 条规定："对于公安机关管辖的国家机关工作人员利用职权实施的重大犯罪案件，需要由人民检察院直接受理的时候，经省级以上人民检察院决定，可以由人民检察院立案侦查。"此类型案件一般归公安机关侦查，这里却把它设计为检察院自侦案件的"例外"——赋予检察院侦查的权力。再如，《刑事诉讼法》第 24 条规定："上级人民法院在必要的时候，可以审判下级人民法院管辖的第一审刑事案件；下级人民法院认为案情重大、复杂需要由上级人民法院审判的第一审刑事案件，可以请求移送上一级人民法院审判。"该条中的"可以"，亦是表意授权，授予上级法院、下级法院"裁量性管辖权"。

虽然说能够通过"有权""可以"等词语，甚至具体条文的表述来确证刑事诉讼中的国家机关是否有权，但最直接的无疑是《刑事诉讼法》条文中使用"权力"一词。毕竟，刑事诉讼要经历国家追诉犯罪、确定并实现刑罚权的过程，这之中，既要保障国家公权力完成其任务，又要规制其运作。尤其是当涉及要限制乃至剥夺公民的自由与基本权利时，对国家公权力而言，更是"法无授权即禁止"。然而，如前所述，《刑事诉讼法》中仅有一处使用"权力"一词，这就使我们不得不借助于"有权""可以"等关联语，借助法律解释学来识别权力。

（二）权力的识别：分析实证主义视角的引入

"权力"一词，尽管是人文社会科学中的核心概念，然而关于它的含义却众说纷纭。在我国，"权力一词或者是指'国家权力'，或者是职权的同义词"③。当法学谈论"权力"时，更多的是指涉"公权力"。并且，"权力"的用法区别于"权利"：权力专属于执政党、政府等公主体，而权利更多为私主体所享有。"国家权力"与"公民权利"的用法

---

① 《刑事诉讼法》中，第 131 条、155 条、209 条、254 条也使用"有权"一词授予国家机关权力。

② "可以"一词，在刑事诉讼中可谓含义丰富。可参见万毅：《刑事诉讼法文本中"可以"一词的解释问题》，《苏州大学学报（法学版）》2014 年第 2 期，第 99~109 页。

③ 沈宗灵：《权利、义务、权力》，《法学研究》1998 年第 3 期，第 4 页。

就是典型体现。"权力指个人、集团或国家，按照其所希望的方式，贯彻自己的意志与政策，控制、操纵或影响他人行为（而不管他们同意与否）的能力。"① 这样的界定方式，不得不说与政治学、社会学别无二致。例如，在社会学大师马克斯·韦伯（Max Weber）看来，权力是指"行动者可以排除抗拒以贯彻其意志的机会"②。英国公法学者马丁·洛克林（Martin Loughlin）教授认为："权力从某种意义上讲就是权威，经常被视为政治科学的基本概念，类似自然科学中将能量作为基本概念一样。尽管权力可以呈现出多种多样的形式，但是通常将其理解为可以产生预期效果的能力。从这个层面上讲，我们是通过观察行为人的行为，包括作出决定、实施行为以及产生的效果来体验权力。"③ 可以说，"权力"经常以一种强制力的面貌出现。有学者指出，我国主流刑事诉讼理论更倾向于强调权力的两个基本属性——强制性和公权力属性。④ 在多数情况下，这是没有问题的。但是，对"权力"的理解与识别是否就仅此而已？

对此，分析法学派有不同的答案。约翰·威廉·萨尔蒙德（John William Salmond）认为："权力（Power）是公共或私人的。……权力是决定他人法律关系的能力，或者自己的法律关系的能力。"⑤ 在萨尔蒙德看来，既存在公共的权力，又存在私人的权力。这样的观念与诠释，就与政治学、社会学的一般理解不同。霍菲尔德（Wesley Newcomb Hohfeld）更是对法律的"权利"概念作了进一步的阐释。他提炼出八个基本的法律概念，并指出它们之间的关系（见表1－1和表1－2）：⑥

---

① 张文显：《法哲学范畴研究（修订版）》，中国政法大学出版社2001年版，第396页。
② 韦伯：《社会学的基本概念》，顾中华译，广西师范大学出版社2005年版，第71~74页。
③ 马丁·洛克林：《剑与天平——法律与政治关系的省察》，高秦伟译，北京大学出版社2011年版，第14页。
④ 万毅：《刑事诉讼法上的"权力"概念：反思与重构——以分析实证法学为中心》，《政法论坛》2016年第5期，第5~6页。
⑤ John William Salmond, *Jurisprudence* (7th edition). London: Sweet&Maxwell, 1924, p. 249.
⑥ Wesley Newcomb Hohfeld, "Some Fundamental Legal Conceptions As Applied In Judicial Reasoning", *Yale Law Journal*, 1913, Vol. 23, No. 1, p. 30.

表 1—1　法律相反关系（Jural Opposites）

权利（Right）	特权（Privilege）	权力（Power）	豁免（Immunity）
无权利（No-right）	义务（Duty）	无权力（Disability）	责任（Liability）

表 1—2　法律相关关系（Jural Correlative）

权利（Right）	特权（Privilege）	权力（Power）	豁免（Immunity）
义务（Duty）	无权利（No-right）	责任（Liability）	无权力（Disability）

霍菲尔德认为，"权利（rights）"一语不仅涵盖一种最严格意义上的权利（a right in the strictest sense），还可能意指一种特权（privilege）、权力（power）或豁免（immunity）。如此一来，霍菲尔德使"权利"概念精细化。按照他的归类，当我们使用"权利"概念时，需要区分四种类型：最严格意义上的权利、特权、权力与豁免。可见，"权力"概念属于广义的"权利"一类。"所谓权力就是指 A 与 B 之间存在一种法律关系，A 能够通过自己的行为创设 A 与 B 或 B 与其他人之间的法律关系。那么，所谓责任就是指 B 应当承受 A 通过自己行为所创设的 A 与 B 之间或 B 与其他人之间的法律关系。"[①] 权力的相关概念是责任，相反概念是无权力。所谓的相关（Jural Correlative），通常意味着"同时存在于"不同人。例如，某一个人拥有权利，相对的，另一个人必须负有义务：权利与义务同时存在于不同人，它们是相关关系。再如，某一个人有权力，那么，另一个人则必须有责任，权力与责任是相关关系。特权与无权利、豁免与无权力亦是相关关系。所谓的相反（Jural Opposites），则意味着不能同时为一个人所拥有。例如，当某个人对某标的物拥有权利，就不能说这个人对同样的标的物无权利：权利与无权利是相反关系，不能同时为一个人所有。再如，权力的相反概念是无权力，也就意味着当某个人对某事项拥有权力时，就不能说其对该事项无权力。特权与义务、豁免与责任也是相反关系。除了相关与相反这两种关系，还存在第三种关系：相对（Jural Contradictories）关系

[①] 王涌：《寻找法律概念的"最小公分母"——霍菲尔德法律概念分析思想研究》，《比较法研究》1998 年第 2 期，第 156 页。

(见表1—3)。①

表1—3 法律相对关系（Jural Contradictories）

权利（Right）	义务（Duty）	权力（Power）	责任（Liability）
特权（Privilege）	无权利（No-right）	豁免（Immunity）	无权力（Disability）

权利与特权、义务与无权利、权力与豁免、责任与无权力，是相对关系。这意味着当A对某物拥有权利时，B就不能对此物有特权，也即B缺少与权利相对的特权。

对于这三种关系，英国学者奥斯汀·M. 琴亨戈（Austin M. Chinhengo）曾用两张图（见图1—1和图1—2）来介绍霍菲尔德的权利理论。②

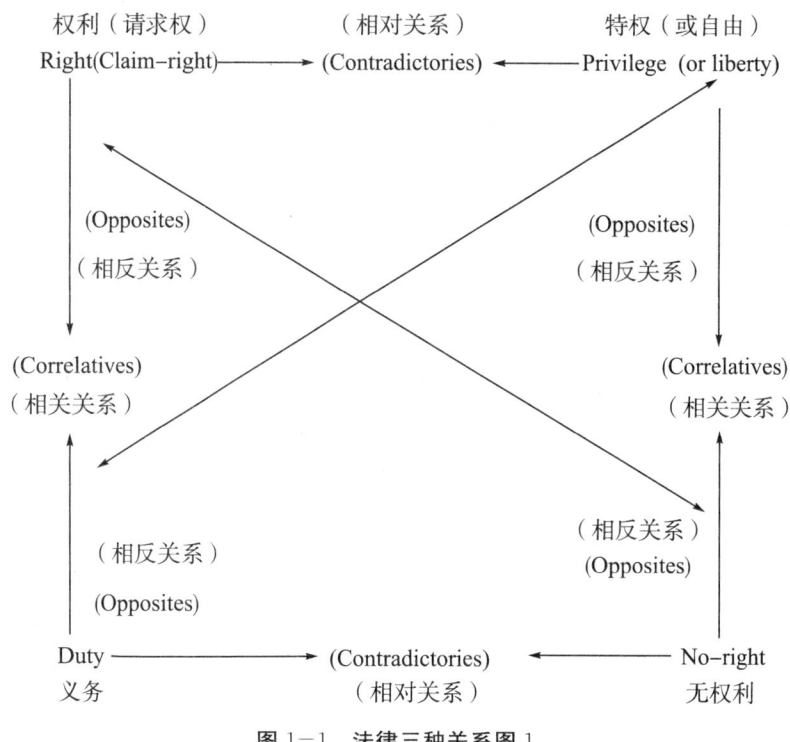

图1—1 法律三种关系图1

---

① 奥斯汀·M. 琴亨戈：《法理学基础》，武汉大学出版社2004年版，第86页。
② 奥斯汀·M. 琴亨戈：《法理学基础》，武汉大学出版社2004年版，第85页。

第一章 刑事程序改革审视与展望

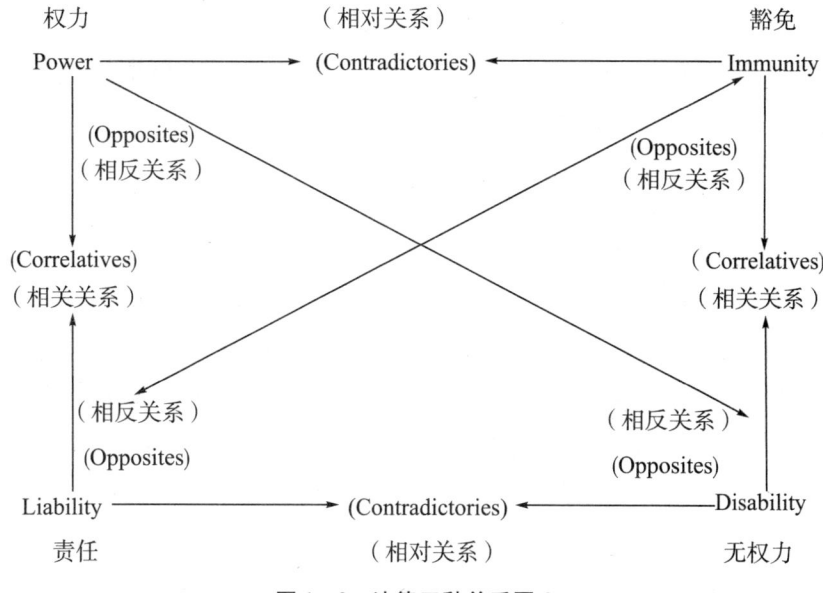

图 1－2 法律三种关系图 2

由以上两图，我们可以一目了然地看出霍菲尔德所提炼的基本法律概念及它们之间的关系。再以权力（power）为例，权力的相关概念为责任，相反概念为无权力，相对概念为豁免，因此，当 A 拥有权力时，B 则承受责任，且不能说 A 无权力，B 也缺少豁免。我国早有学者将霍菲尔德的基本法律概念之相关关系形象地表述为：

权利、义务的关系是：我要求，你必须。

特权、无权利的关系是：我可以，你不能要求我不可。

能力（即权力，笔者注）、责任的关系是：我能够强加，你必须接受。

豁免、无能力（即无权力，笔者注）的关系是：我可以免除，你不能够强加。[①]

依据分析法学派，尤其是霍菲尔德的权利理论，我们对"权力"的认识不局限于强制力与公权力属性的思维。权力，其核心不在于强制

---

① 王涌：《寻找法律概念的"最小公分母"——霍菲尔德法律概念分析思想研究》《比较法研究》，1998 年第 2 期，第 158～159 页。

性，其属性不限于公权力，其本质在于创设法律关系的能力。在这样的视角下，再来探讨刑事诉讼中的公安机关、检察院和法院的权力及其关系，我们会形成更深入的思考。

三、"新权力观"下的以审判为中心

如前所述，借助于分析实证主义的"权力"概念，对于我国刑事诉讼中的三机关的权力，尤其是法院的审判权，可以有全新的理解。同属于国家权力的侦查权、检察权与审判权，显然有着各自独特的功能。而跳出单纯的"权力位阶论"视野，借助分析实证主义的"新权力观"来理解以审判为中心，有助于澄清观念上的误解，从而为推进以审判为中心的诉讼制度改革减少障碍。应当说，以审判为中心的诉讼制度改革，强调法院的审判权在认定案件事实、适用法律上的决定性作用。那么，在刑事诉讼的权力配置格局没有发生根本性改变的情况下，如何理解"以审判为中心"呢？笔者认为，需要厘清两个问题。

第一，以审判为中心，是期望通过公正、实质的审判来尽可能地避免冤假错案的发生，这更多是一种"消极意义上的实体真实主义"——强调"不枉"。毕竟，从案件的发生到审判往往需要有一个时间过程。在这个过程中，能够揭开案件事实的证据，最终呈现于法庭之上并为法官所采纳的，更多需要借助侦查机关之力。学者林钰雄教授曾言："如果审判阶段发生误判，通常种子已在侦查阶段种下，这正是侦查阶段之所以重要的关键原因；其次，虽说从立法原意来看，刑事诉讼程序是以审判为核心的程序，不过，从各国法制的发展来看，可以观察出重心或多或少前置至侦查程序的现象，这更提高了侦查程序的重要性。"① 的确，证据的搜集与质量，确实影响着追诉犯罪任务的完成与国家刑罚权的实现。刑事诉讼的重要目的在于发现实体真实，而"发现实体真实的完整意义是'勿枉勿纵，开释无辜，惩罚犯罪'，并不能将之片面理解为'有罪必罚'"②。假如说，侦查环节注重证据的搜集与质量，严格遵

---

① 林钰雄：《刑事诉讼法》(下 各论编)，中国人民大学出版社2005年版，第20页。
② 林钰雄：《刑事诉讼法》(上 总论编)，中国人民大学出版社2005年版，第7页。

循法律程序,那么即便到了审判阶段,侦查结果也不会受到影响。这就确保了积极意义上的实体真实主义——强调不纵的实现。但是,如果侦查环节证据的搜集与质量出了问题,没有注重对法律程序遵守,那么到了审判阶段,再想确保积极意义上的实体真实主义似乎就成本巨大了。一方面,被追诉的人即便可能甚至就是真正的犯罪人,也会因为证据以及程序不合规而得以脱逃,这无疑有损正义的实现,成本巨大。另一方面,若纵使证据及程序不合规也要一味治罪,那就容易冤枉无辜,导致实质与程序正义的双重缺失,代价很高;或者即便没有冤枉无辜,也无疑损害法治程序价值,亦是代价不菲。无论是哪一种情况,都难以被接受。此外值得注意的是,如果侦查环节中证据的搜集与质量出了问题,那么在审判阶段,行使审判权的法院更多就只能确保消极意义上的实体真实主义。因为法院的职权调查与专门的侦查机关的侦查是不能相提并论的。如此,期待或要求法院追求积极意义上的实体真实主义,不得不说有点不切实际,或者是代价高昂。其实,积极意义上的实体真实主义(不纵)与消极意义上的实体真实主义(不枉)之间,倘若说实现了前者,那么后者也就可以自然而然地实现了。既然真正的犯罪人已被确定,那就不存在冤枉无辜。倘若说只是实现了后者,那么并不能保障后者。从这个意义上来说,强调侦查的关键并非毫无依据。以审判为中心,解决的是防止审判程序的空洞化,避免侦查预断审判。"实质意义上的审判中心主义要求审判对侦查发挥实质有效的审查作用,从而杜绝侦查对审判结果的预定效果。"[①]

第二,以审判为中心,强调的是法院的审判权威,是基于法律所赋予之审判权的内在要求,是审判权功能的表现,而不是否认侦查、起诉权的功能,不是否定侦诉机关的地位。司法实务中会存在一种误解:侦诉机关的侦查、起诉工作完成后,如果到了法院被否定的话,法院的权力与地位就高于公安与检察机关。在笔者看来,这样的误读显然是深受权力位阶观念的影响,没有认识到权力制约权力的重要性,也没有意识

[①] 孙远:《侦审关系侧面之审判中心主义的形式与实质》,《当代法学》2016年第4期,第24页。

到权力制约权力并不一定表现为权力高制约权力低的机关。审判权是刑事诉讼法所赋予法院的审理裁判案件的权力，法院基于审判权而最终认定案件事实并适用法律，是审判权的当然功能。按照前文所述的霍菲尔德对"权力"概念的解读，既然法院拥有审判的权力，那么就意味着其有创设法律关系的能力，也即法院能够强加，而控诉机关必须接受，控诉机关有接受的责任，且没有特权。不是说法院的审判权比侦查权、起诉权高而能否决侦查、起诉的结果，而是因为审判权的本质在于法院所创设的法律关系施加的约束。并且，以审判为中心，着眼于法院的权威，与是否增加法院的权力没有必然的关联。[①] 毕竟，权力与权威之间并不是简单的正比例关系。这种观念上的澄清与纠正，对于以审判为中心的改革至关重要。

第二节 结构主义视角下"以审判为中心"的诉讼制度改革

上文通过分析实证主义的"权力"概念，重新审视了刑事诉讼中的权力问题，厘清审判权的功能与本质，从而加深对"以审判为中心"的理解。如上文所述，既然法院拥有审判的权力，那么，控诉机关就有接受的责任。与此同时，"审判中心主义"强调的是法院的审判权威，是基于法律所赋予之审判权的内在要求，是审判权功能的表现，而不是否认侦查、起诉权的功能，也不是否定侦诉机关的地位。

当然，"审判中心主义"作为一个舶来品，要在我国"落地生根"，多少会因制度层面的"水土不服"而大费周折。从刑事诉讼的现实构造和运行机制来看，"审判中心主义"的确立在一定程度上影响着我国当前刑事诉讼的线性结构。但是，如何确保"审判中心主义"的进一步落实，从微观技术层面保障庭审实质化的推进，仍然是当前亟待解决的一

[①] 诚然，从我国制度现实与司法运作层面来讲，确实需要增加法院的某些权力，使得司法权能在审前阶段对侦查权有所约束，从而防止侦查权的滥用。但是，在审判阶段，法院拥有正常的审判权就足够了。

个重要课题。基于此,本部分从具体制度构建层面探讨"审判中心主义"改革。

一、我国"审判中心主义"的实质

对于"审判中心主义",学界的认识、解读众说纷纭。简单来说,"审判中心主义"是刑事诉讼运行机制的抽象性概念,指刑事诉讼活动的建构要以审判为中心。"审判中心主义"的改革要求将审判环节视为刑事诉讼的中心环节,任何诉讼活动,即决定被追诉人有罪、无罪及相应刑事责任的问题都应当通过法庭审判最终予以解决和确定;侦查、起诉是审判的准备程序,必须服从、服务于审判。

(一)"审判中心主义"与相关概念辨析

从比较法视角来看,"审判中心主义"的概念源自第二次世界大战之后的日本。职权主义的刑事诉讼构造让日本的警察、检察官和法官表现出解决社会冲突的强烈欲望,打击犯罪是日本刑事诉讼的首要任务。因此,第二次世界大战后的日本曾经几乎成为世界上犯罪率最低的国家。日本在程序论层面构建了一套精密化的刑事诉讼模式:警察在侦查阶段对案件进行全面、实质性的调查,使证据材料符合法律所规定的定罪标准;检察官严格审查证据材料,仅在100%把握下才提起诉讼;而法院为保证实体真实,在庭审的基础上还要对案卷进行仔细核查,着重审查被告人供述、辩解及证人证言,履行全面审查义务。这种全面的审查被称为"卷宗中心主义",同时也迫使刑事诉讼的重心前置于侦查阶段,即"以侦查为中心",提高案件移送起诉时的质量。同一时期,日本也在经历着司法制度美国法化的改革进程[①],但基于日本国民的诉讼心理和诉讼文化,刑事诉讼的格局并未发生根本性的改变。日本学者意识到"侦查中心主义"和"卷宗中心主义"削弱了审判在事实查明和法

---

① 第二次世界大战后,日本作为投降战败国,由美国联合国驻军占领。在此期间,美国对日本的社会制度进行了一系列重要变革。其中,1946年的《日本国宪法》正是在美国联合国军总司令麦克阿瑟的直接干预下制定的。因此,《日本国宪法》中根植了英美法系关于人权保障和程序正义的法律原则,在一定程度上影响了日本的刑事诉讼法。

律适用方面的作用，甚至造成了庭审的虚化、警察权的滥用，从而提出了"审判中心主义"的概念，要求实行起诉状一本主义，充分保障被追诉人辩护权的行使。正如日本学者田口守一在介绍日本学界的侦查构造理论时曾经指出的："在审判调查证据时，不仅要调查审判供述证据，还要调查侦查供述证据，因此开始经常使用侦查过程中获得的供述笔录。审判时调查证据的前提是在侦查程序中详细调查犯罪嫌疑人和参考人。但是人们批评说，如果过分使用这种方法，就会变成仅仅根据侦查阶段做成的调查笔录进行审判，即所谓'书面审判'。也就是说，案件在侦查阶段实际上就已经决定了（所谓侦查中心主义），审判程序被架空，这就背离了审判中心主义。"[1]

反观我国"审判中心主义"的诉讼制度改革，不得不说与日本当年的改革初衷，在历史上具有一致性。我国刑事司法在长期以来所坚持的"重实体、轻程序""重定罪、轻量刑"以及强调"打击犯罪"的刑事政策下，形成了案件事实查明主要在侦查环节的"侦查中心主义"和法官主要通过阅卷据以定罪的"案卷中心主义"。因此，党的十八届四中全会提出了"以审判为中心"的诉讼制度改革。

《中共中央关于全面推进依法治国若干重大问题的决定》中有关"审判中心主义"的改革路径可以抽象为"诉讼以审判为中心，审判以庭审为中心"，最高人民法院《关于全面深化人民法院改革的意见》又进一步明确，庭审要在案件事实认定和法律适用上发挥决定性作用，实现"诉讼证据质证在法庭、案件事实查明在法庭、诉辩意见发表在法庭、裁判理由形成在法庭"，由此也形成了我国改革下的刑事诉讼案件程序控制流程（如图1—3所示）。在笔者看来，"审判中心主义"的实现就是要落实三个"审判"：一是发挥一审在案件事实认定、法律适用和非法证据排除的中心作用，达到实质审；二是强调以庭审为中心，实现程序审；三是防止其他机关、团体对刑事审判的不当干预，确保独立审。

---

[1] 田口守一：《刑事诉讼法》，刘迪等译，法律出版社2000年版，第25页。

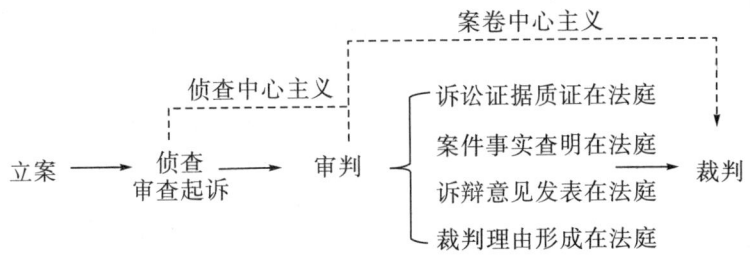

图 1-3 刑事诉讼案件程序控制流程

在此基础上,笔者认为还应区分与之相关的三个概念:以审判为中心、以庭审为中心、庭审中心主义。

从逻辑学和法解释学的角度看,"以审判为中心"是"审判中心主义"的文义解释,指代"审判中心主义"的含义和内容,二者基本趋同。"以庭审为中心"则是"审判中心主义"或"以审判为中心"的具体要求,是"审判中心主义"的具体表现之一。同理,"庭审中心主义"则是对"以庭审为中心"的抽象概括。

据此,可以认为,"审判中心主义"主要是解决刑事诉讼过程中审判活动与侦查、起诉、刑罚执行活动的外部关系,强调审判活动的中心地位和决定作用。而所谓"庭审中心主义",根据前文所述,主要是解决审判机关内部如何进行审判活动进而对被告人定罪判刑以及决定其他有关诉讼事项的活动原则。① 因此,要想实现"审判中心主义",应当从庭审制度改革入手,发挥庭审在刑事审判活动中的决定性作用,从而提升审判在整个刑事诉讼阶段的功能地位,最终全面实现"审判中心主义"。

(二)"审判中心主义"的改革背景

依照英美法系当事人主义和大陆法系职权主义不同的刑事诉讼程序设计,刑事诉讼的总体结构大体分为"审判中心式"和"诉讼阶段式"。"审判中心式"即案件自有人控告起,全程受制于审判程序之规则,侦查、起诉是审判的准备程序,并非独立的诉讼阶段;而"诉讼阶段式"则将刑事诉讼进程人为地划分为立案、侦查、起诉、审判和执行五个阶

---

① 顾永忠:《试论庭审中心主义》,《法律适用》2014 年第 12 期,第 8 页。

段。每个阶段根据内容和任务的不同，相互独立，由不同的刑事诉讼专门机关负责。

我国继受了苏联的诉讼模式，在立法体例上选择了"诉讼阶段式"。《中华人民共和国宪法》第140条、《中华人民共和国刑事诉讼法》第7条共同规定了"人民法院、人民检察院和公安机关进行刑事诉讼，应当分工负责，互相配合，互相制约，以保证准确有效地执行法律"。不难发现，法律规定公、检、法三机关"分工负责、互相配合、互相制约"，实质上构建了以立案、审查起诉和审判为节点的案件质量控制体系，以期通过层层筛查，避免无罪之人受到刑事追究，从而保障公民合法权益，确保法律正确适用。但实践中，这一目的并没有如立法者预期那样得到良好实现，反而异化为流水线式的办案路径，从而在刑事诉讼内部形成了"侦查中心主义"和"案卷中心主义"，有违诉讼规律。因此，针对这两大内因，本次诉讼制度改革提出了"诉讼以审判为中心，审判以庭审为中心"的改革方向。

1. 将"侦查中心主义"改变为"审判中心主义"

正如李心鉴所说："整个刑事诉讼犹如一座大厦，而侦查阶段如同这座大厦的根基。如果地基的构造不坚固、不合理，那么整个大厦就有可能发生倾覆。"① 因此，我国的刑事审判充分发挥"地基"的决定性作用，虽然一定程度上实现了"打击犯罪"的目标，但也存在诸多弊端。

其一，"侦查中心主义"将刑事诉讼的重心前置，存在虚置审判程序的可能。侦查机关在侦查环节有意拔高移送审查起诉的证明标准，使案件能顺利进入审判。而法官基于全面审查义务，在当前证人、鉴定人、侦查人员几乎不出庭，法院案件数量畸多的客观情况下，更加注重对案卷的审查，过度依赖侦查阶段形成的各种陈述笔录，通过查阅案卷形成心证、作出裁判，最终使得侦查决定审判，将刑事诉讼的重心前置于侦查阶段。同时，实践中还存在个别事实不清，证据不确实、充分，甚至可能存在非法取证的"瑕疵"案件，经过侦查机关的技术包装和处

---

① 李心鉴：《刑事诉讼构造论》，中国政法大学出版社1992年版，第179页。

理，顺利进入审判环节的情况。而法官通过阅卷难以发现"瑕疵"，因而不主动组织有效庭审，查明案件事实，仅依靠案卷材料作出有罪判决，就可能造成如赵作海案、佘祥林案等冤假错案，丧失审判纠错的功能，有损司法公信力。

其二，"侦查中心主义"客观上造成未审先判，违背刑事诉讼基本原则。无罪推定作为刑事诉讼的基本原则，贯穿刑事诉讼始终，指导刑事立法与刑事司法。其基本含义是指在刑事诉讼中，任何受到追诉的人在未经司法程序最终判决有罪之前，都应被推定为无罪之人。[①] 我国《刑事诉讼法》第12条也明确规定："未经人民法院依法判决，对任何人都不得确定有罪。""侦查中心主义"通过人为控制证明材料，让被追诉人在侦查阶段即基本可以确定罪责，违背了"无罪推定"原则的程序要求。

其三，"侦查中心主义"可能导致侦查权扩大和滥用，限缩起诉、审判的功能，造成权力缺乏制约，有碍刑事诉讼独立价值之实现。在我国当前强调打击犯罪与保障人权并重的刑事诉讼格局下，为保障被害人的合法权益、维护社会稳定，避免涉信、涉访案件的高发态势，检察机关、人民法院存在偏信侦查机关的案卷材料，不敢、不愿作出不起诉决定或无罪判决的情况。有时会通过建议撤销案件、退回补侦的方式变相处理不符合证明标准的案件，甚至为达到一定社会效果，对轻微违法的刑事案件也径直起诉、裁判，以求息事宁人。实际上，起诉、审判是在为侦查服务，是侦查结果的确认和补正，久而久之形成的"侦查中心主义"也赋予了侦查机关更多的办案权力，如果缺乏必要的事前监督，就可能造成侦查权的滥用和扩张，削弱起诉和审判的职能，侵犯被追诉人的辩护权，从而影响案件的客观、公正审判。

因此，为纠正"侦查中心主义"弊端，本轮司法体制改革提出了"审判中心主义"的改革方向，以充分发挥人民法院在刑事案件定罪量刑的终局性作用。

[①] 谢佑平、万毅：《刑事诉讼法原则：程序正义的基石》，法律出版社2002年版，第243页。

2. 将"案卷中心主义"转变为"庭审中心主义"

如果说"侦查中心主义"表明了刑事诉讼各阶段之间的关系,那么"案卷中心主义"则是人民法院内部裁判刑事案件的具体方式,是"侦查中心主义"的重要表现之一。

顾名思义,"案卷中心主义"是指人民法院将审查案卷视为审判的主要方式,通过案卷内容决定被追诉人有无刑事责任及刑事责任的大小,庭审沦为法官对卷宗疑问的集中答疑环节,是确认自由心证的方式,而非形成自由心证的过程。同时,基于大陆法系法官全面审查的职责,法官在听审的基础上核实案卷细节,不轻信当庭陈述、供述及辩解,注重对当事人、证人笔录一致性的审查,从而确保实体真实,由此进一步促进了"案卷中心主义"的产生和运行。

"案卷中心主义"的弊端突出表现在以下三个方面:第一,违背司法的亲历性原则,法官以阅卷式办案,代替开庭,不直接接触证据源,仅依靠书面证言、鉴定意见等证据裁判的一致性,判断能否形成全案证据锁链,而忽略真实性、客观性的全面核查,证人、鉴定人、专家辅助人、侦查人员无须出庭接受法庭质询,直接言辞原则落空;第二,侦查人员不出庭,往往通过书面"情况说明"解释有关被追诉人到案经过、强制措施的使用情况及物证、书证的来源合法性,缺少必要的控辩对质,从而使得非法证据难以排除,可能造成冤假错案;第三,法官审查经过技术处理的案件材料,自由心证往往形成于庭前,直接规避了案件事实查明在法庭、证据质证在法庭、辩论意见发表在法庭的"庭审实质化",可能导致庭审中被追诉人、辩护人的辩解不被采纳,造成密室审判。

可以说,"侦查中心主义"和"案卷中心主义"二者在证据法层面相辅相成。一方面,受"侦查中心主义"的影响,在"控制犯罪"的刑事政策和法院多数案件并行处理的机制下,部分法官过于信奉公诉机关提交的证据材料,从而产生了"案卷中心主义";另一方面,部分法官对案卷笔录的重视,又反作用于侦查机关,客观上对侦查机关的侦查活动和案卷制作水平提出了隐性要求,敦促侦查机关将证据"坐实",让刑事审判成为侦查的二次检验,进而巩固了"侦查中心主义"的地位。

因此，习近平总书记指出，"要努力让人民群众在每一个司法案件中都感受到公平正义，所有司法机关都要紧紧围绕这个目标来改进工作，重点解决影响司法公正和制约司法能力的深层次问题"，在实现"庭审实质化"的基础上，全面落实"审判中心主义"的诉讼制度改革。

二、"审判中心主义"改革的条件

"审判中心主义"的诉讼制度改革涉及权力配置、制度设计、司法环境、执法观念等多方面的调整，并非一蹴而就。面对当前我国司法现状，必须用冷静、客观、审慎的态度综合分析"审判中心主义"的实现路径，依托现有法治基础，充分利用支撑条件，逐步完善相关制度，而不是盲从和跟风。在此，笔者简要分析阻碍我国"审判中心主义"改革实现的四个维度，以期帮助立法者、司法者明确改革重点。

（一）公、检、法三机关权力配置不均衡

"审判中心主义"用以对抗"侦查中心主义"，调整刑事诉讼的重心。换言之，"审判中心主义"就是对法官、检察官和侦查人员之间权力的平衡和再分配。《中华人民共和国宪法》规定了三机关"分工负责、互相配合、互相制约"的刑事诉讼格局，以充分发挥公、检、法三机关在刑事诉讼中分工负责、分段把关的作用，保证刑事诉讼环环相扣，实现高效侦办案件，防范程序违法，妥善化解社会纠纷。然而，实践中存在三机关"多一些配合，少一些制约"的情况，从而限制了被追诉人辩护权的行使，削弱了司法审查的应然职能。同时，检察机关是我国法律监督机关的定位，也使得个别检察官将"审判中心主义"视为"法院中心主义"，认为"审判中心主义"的改革实质上是在削弱检察机关的法律监督职能，从而构成了改革的阻碍因素之一。再者，基于历史原因，公安机关负责人也可能存在干预该地区法院审判权行使的情况。正是基于这样的权力架构，本次"审判中心主义"的改革才将"以庭审为中心"作为主要发力点，从而减少改革可能遇到的阻力。

(二)传闻证据规则尚未建立,直接言辞原则落实受阻,证人、侦查人员等出庭难

当前"以审判为中心"的诉讼制度改革的主要路径就是实现"庭审实质化",具体而言,就是要求法官摒弃案卷,通过法庭调查、法庭质证、法庭辩论查明事实,形成心证。那么,证人、侦查人员、鉴定人等作证主体到庭接受询问则是"庭审实质化"的前置条件。然而,当前在我国刑事审判中,证人、侦查人员、鉴定人几乎不出庭,通常以书面证言、鉴定意见、情况说明的方式向法庭陈述事实,根本无法达到全面开展法庭调查的基本要求。对此,笔者认为存在三方面原因。

第一,从法律体例本身来看,我国《刑事诉讼法》第192条、193条虽然规定了证人的强制到庭义务,但立法上又从实体和程序两方面设定了出庭作证的条件,即证人的证言对"案件定罪量刑有重大影响"且"人民法院认为有必要",对于鉴定人的鉴定意见"公诉人、当事人或者辩护人、诉讼代理人有异议"且"人民法院认为有必要",证人、鉴定人才应当到庭作证。同时,《刑事诉讼法》还留存了"正当理由"可以不出庭作证的解释空间,构成了证人、鉴定人等不出庭作证的法律基础。再者,即使证人强制出庭,现行法律和司法解释也缺少相应的质证程序的规定,可能导致质询效果不理想。

第二,从证据学层面来看,基于刑事案件的查明在逻辑上是一种倒推,因而随着时间的推移,案件事实证明材料存在被毁损、破坏和灭失的风险,加之侦查机关取证技术、能力和规范化水平的有限,一定程度上造成了证据资源的有限性,从而导致即便证人、鉴定人等不出庭,法官也不敢轻易排除相关证言、鉴定意见和情况说明,最终让这些证据成为据以定案的依据。

第三,从司法实践情况来看,证人、鉴定人等作证主体嫌麻烦、怕报复,以及部分侦查人员对侦查活动合法性信心不足的主观心态等,导致证人、鉴定人、侦查人员不敢出庭、不愿出庭的客观情况出现。

因此,要想实现"庭审实质化",必须落实证人、鉴定人、侦查人员和专家辅助人的出庭制度,细化出庭后的质证规则,优化人证调查方

式，加强庭审时的交叉询问技巧训练，将"庭审实质化"落到实处。

（三）"令状主义"尚未确立，司法审查具有局限性，无法及时、有效地控制侦查权、检察权的合法行使

正如龙宗智教授所言，"审前程序，即证据调查、查获犯罪嫌疑人并搜集相关证据，准备提起公诉的程序，是一种具有对抗性和侵权性的程序"[1]，因此审判活动必须对审前活动进行监督和控制，方能保证侦查和起诉服务、面向审判。但我国审前的司法审查机制尚未确立，除侦查机关逮捕需要检察机关批准外，其余审前的诉讼活动通常都由侦查机关自行决定，不需要向法院申请令状。因而，法院、检察院只能通过事后审查的方式予以监督，且实务中往往仅限于合法性审查，几乎不涉及合理性审查。如此一来，司法审查缺位下的"审判中心主义"在一定程度上难以充分发挥监督、制约之功效。

（四）办案机关案件积压严重，案件分流制度不完善，办案人员业务能力不强

根据国家统计局发布的最新数据，2019年全国法院刑事一审收案129万件，比上年上升7.5%。[2] 相比我国司法资源有限的客观现状，法官的审判压力较大，难以形成"审判中心主义"，究其原因，主要有三点：一是案件数量畸多，同一法官同一时间需要处理多个案件，客观上无法保证对每个案件都轻车熟路。因此，为确保案件定罪量刑的准确，法官只能凭借庭审记忆，核实案卷材料和庭审笔录作出裁判。二是案件分流机制不完善，导致大部分案件都需要开庭审理，法官同时还需要撰写判决书、结案报告、风险评估报告等法院内部案件质量控制文书，客观上没有足够的时间和精力完全通过庭审来查明案情。三是我国法官精英化建设仍需加强，不同级别、不同地区的法官业务水平参差不齐，差别较大，法官对于庭审的掌握和把控，尤其是交叉询问技巧缺乏

---

[1] 龙宗智：《"以审判为中心"的改革及其限度》，《中外法学》2015年第4期，第856页。
[2] 摘自国家统计局：《2020中国统计年鉴》，访问地址：http://www.stats.gov.cn/tjsj/ndsj/，访问时间：2020年12月10日。

训练，难以高效率地开展实质化的庭审。

因此，最高人民法院也提出了"推进案件繁简分流机制"和"法官队伍精英化建设"两项改革举措。

三、"审判中心主义"改革举措："两个面向"的逐步落实

"以审判为中心"的诉讼制度改革牵一发而动全身，面对情况不一的个案，无论是案件的承办法官，还是其他刑事诉讼参与人，都难免会有法律适用上的种种困惑，其制度本身还存在诸多可供调整的空间。我们应当以法解释学为技术手段，从宏观层面转变观念、加深认识；从微观层面不断完善制度机制和程序架构，逐步实现"审判中心主义"。归纳起来，在当前阶段，"审判中心主义"的实现集中体现在两个"面向"的处理上。

（一）角色面向：明确诉讼程序中的自身定位

"审判中心主义"的确立是对"侦查中心主义"的否定，从程序论的角度确立了刑事诉讼流程的核心环节；"庭审中心主义"的确立是对"案卷中心主义"的补正，从技术流的视角提出了刑事案件审理的基本原则。这一基本定位在实践中却存在实务部门的不同理解，主要集中在对自身权限和职能行使的不清和担忧方面。因此，重新梳理刑事诉讼参与人在审判环节的角色定位显得尤为重要。

1. 法官

法官是"审判中心主义"的直接践行人，通过审判权的行使，法官在程序上控制刑事诉讼的进程，在实体上决定被追诉人定罪量刑的问题。因此，法官必须坚持中立的司法官定位，不偏不倚。具体而言，有以下三方面。

一要树立责任意识，亲历案件审判。当前司法体制改革将办案组织和办案方式作为改革突破口，在审判层面要求"让审判者裁判，让裁判者负责"，因此，法官在审判中也应当深化认识，客观、公平地审判案件，避免通过案件请示汇报等非亲历性裁判方式试图减轻责任。

二要发挥裁判意识，提升业务水平。法官应当转变固有的办案思维

模式，摒弃"案件中心主义"，强化"庭审中心主义"，将庭审实质化的要求落实在司法实务中，严格执行直接言词原则和证人出庭制度，杜绝未审先判、庭审分离。同时，顺应"庭审实质化"的改革需求，法官应当努力提升业务水平，加强当庭查证、认证的能力，避免在法庭调查和法庭辩论阶段，法官对实体问题挖掘深度不足和对庭审突发情况应对能力较弱[1]，从而导致庭审效果不佳的情况。

三要牢记无罪推定原则，切实保障当事人诉权。在新形势下，法官应当深刻认识和把握"无罪推定"原则，将其落实在证据裁判规则中，遵循证据的逻辑审查顺位[2]，避免"先入为主"的审判思维，加强庭审的辩论成分，切实保障刑事诉讼参与人的诉讼权利。

2. 检察官

检察机关作为我国的法律监督机关，在"审判中心主义"的改革下，如何确保刑事诉讼以审判为中心，同时又充分行使、发挥法律监督职能，是当前改革必须积极回应的问题。对此，笔者认为，"审判中心主义"下的检察官自身定位，就是处理好"一个中心"和"两个基本点"的关系。

（1）一个中心：重新树立以司法官为核心的自身定位。

所谓"一个中心"，就是指检察官在刑事诉讼中应当确立自己司法官的法律地位，在庭审中应当扮演积极公诉人的角色。从比较法来看，法国至今仍称呼检察官为"站着的法官"；德国则称其为"隶属于第三权之司法机关"，其检察官奋力于判决之途，与法官共同完成司法保障

---

[1] 在司法实务当中，如果一方当庭提出程序异议或者提出新证据、新主张，申请非法证据排除，部分法官往往不能径行处理，转而采用制止控方、辩方发表意见或休庭等方式予以回避，待庭下了解情况，甚至请示上级，形成"有把握"的初步决断后才恢复庭审，解决争议问题，继续审理案件。此举一方面表现出法官庭审的控制能力不足，业务水平亟待提高，另一方面也反映了法官有意加强自我保护，避免因处理不当导致上诉、上访或承担相应责任的主观心态。

[2] 证据审查的逻辑顺位应当是：第一，先进行证据能力的判断，再评价证明力，加强对证据来源合法性的审查，审查物证、书证时一并审查证明其来源的笔录类证据，将排除不具有证据资格的证据审查工作落实在心证形成之前；第二，应当按照时间先后顺序审查证据材料，从而通过事物发展的自然规律评价证据锁链的连贯性、完整性及合理性；第三，先审查客观证据，再审查主观证据，尤其注重客观证据与主观陈述、供述不一致的地方，并通过当庭的交叉询问予以甄别、明确。

任务。此均在强调检察官之司法的本质,并以其客观性及中立性作为私法属性的指标。① 因此,笔者认为,检察官在刑事诉讼中尽管发挥着保障诉讼参与人权利的法律监督作用,但是应当以检察权的运作为本职工作,将自身定位为司法官,全面、充分地行使国家公诉人的控告权,以实现刑事诉讼法的工具价值。即便从法律监督权的现实构造(如图1—4所示)来看,检察权的运行也是法律监督职能实现的主要方式。

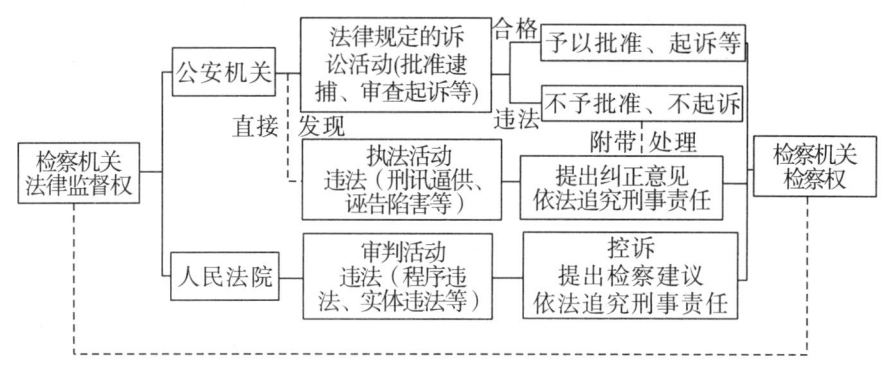

图1—4 检察机关法律监督权的主要现实构造

(2)两个基本点:重新审视两项义务推进下的诉审关系。

所谓"两个基本点",是指检察官作为司法官在刑事诉讼中行使职权的两个基本出发点和立足点,是检察官追究犯罪,保证有罪之人依法受到刑事追究、无罪之人免于牢狱之灾的技术要求,具体包括客观公正义务和协查监督义务。

客观公正义务,就是要求检察官在刑事诉讼中重新定位自己与被害人、被追诉人的诉讼关系,明确中立地位,客观、全面地收集和分析证据,公正地适用法律。我们应当意识到,检察官虽然承担公诉职能,但它不是纯粹的追诉人,它被赋予"法律卫士"的角色期待以及遵守"客观义务"的履职要求。② 我国《刑事诉讼法》第52条也规定:"审判人员、检察人员、侦查人员必须依照法定程序,收集能够证实犯罪嫌疑

---

① 万毅:《台湾地区检察制度》,中国检察出版社2011年版,第20页。
② 谢佑平、宋远升:《检察官角色的冲突衡平与定位》,《国家检察官学院学报》2010年第4期,第62页。

人、被告人有罪或者无罪、犯罪情节轻重的各种证据。"该条即为检察官在刑事案件处理过程中应当恪守的程序要求。同时，我们还应当注意，客观公正义务不仅仅是技术层面、证据规则的要求，更应当作为诉讼关系调整的基本原则。其基本内容包含两个层面：第一，真实性义务。我国刑事司法以客观归罪为理论基础，强调主客观相一致，反映在程序法上，就是要求检察官的事实认定和法律适用都需要有客观、真实的证据相佐证，不能隐匿证据或隐瞒事实，不得伪造证据或虚构事实。第二，公正性义务。检察官对刑事案件的处理应当秉持公正的法制观念，不强加个人情感，全面地收集证据、查明事实，给予被追诉人受到法庭公正判罚的机会。

协查监督义务，就是要求检察官基于司法官的法律属性，将自己视为法官的助手，同法官一并行使刑事司法权。检察官应当积极提供能够证实被追诉人有罪或无罪、犯罪情节轻重的各种证据，帮助法官查明案件事实，保证被追诉人受到公正审判，而不应当将自身视为推动审判、决定审判的主体。对此也可作两个层面的解读：第一，"协查"是指检察官站在司法官的立场上，为追求实体法上的公正，而积极参与诉讼的庭审分工，为此，公诉人在庭审中应当淡化追诉色彩，抛弃控辩对抗的当事人主义理念；第二，"监督"是指检察官以法律监督人的角色，为保证程序法上的公正，对庭审活动进行监督，避免法官枉法裁判，侵犯被追诉人的合法权益，并且这种监督通常最终以检察权（如抗诉）的行使实现。

3. 侦查机关

侦查机关是刑事案件侦办的第一顺位主体，刑事案件的审理以侦查环节查明的事实和固定的证据展开。"审判中心主义"的诉讼制度改革，要求侦查服务于审判，侦查工作的开展以审判的顺利进行为导向，要求事实、证据符合法律的标准，经得起审判的检验，杜绝违法侦查、违法取证，做到实事求是、全面客观，提高案件侦办质量。对此，侦查机关应当从观念和应对机制上注意以下两方面的问题。

一是提高思想认识，放下权力意识。首先，侦查人员在庭审阶段不是案件的承办人，而是受司法程序性审查的对象，侦查人员出庭说明情况，符合权力控制理论和诉讼裁判规律；其次，侦查人员出庭作证是对其自身侦查活动合法性的证明，避免因长时间的记忆遗忘、笔录丢失等主客观原因造成案件侦办程序合法性无法证明，引发错案倒追机制不当启动；最后，侦查人员出庭说明侦查情况，接受质询也是彰显执法文明、重新树立司法公信力的有利契机。

二是加强执法自身监督，从源头杜绝程序违法。针对我国刑事案件多发的现状，侦查机关在高强度的工作压力、高标准的办案效率和严要求的办案质量下，不乏案件侦办程序性违法的情况。因此，侦查机关必须提高侦查工作的质量和规范化水平，真正做到扎实，才敢于面对法官和控辩双方的质疑。

4. 律师

律师作为犯罪嫌疑人、被告人的辩护人，利用专业知识和技能维护被追诉人的合法权益是其基本执业要求。但"侦查中心主义"限制了律师辩护权的行使。同时，"案卷中心主义"又进一步使律师形成"辩护无用论"的思维定式，庭审的对抗流于形式。除此之外，司法实务中还出现阅卷难、取证难等诸多律师的执业障碍，造成控辩双方信息不对称，律师无法提出有效的、具有针对性的辩护意见。也正因此，个别律师只能通过违法执业、证据突袭实施辩护策略，这造成了律师与公权力机关的对抗与对立，增加了律师的执业风险。

因此，"审判中心主义"的诉讼制度改革，看似是对公权力机关的单方面调整，要求法官加强庭审辩论色彩，充分听取控辩双方对事实、证据和法律适用的意见，充分保障当事人的诉权，实则也要求律师认识到辩护人在刑事诉讼中的重要性，提高自身的执业技能，切实规范执业行为，依法保障当事人诉权，充分发挥律师队伍在全面依法治国中的重要作用。

（二）制度面向：建立以庭审实质化为目标的顶层配套机制

"以审判为中心"的诉讼制度改革，着力于庭审实质化的确立，并通过宏观的角色转变和微观的技术精细予以实现。但除此之外，也需要制度配合，尤其是保障性机制的建立，才能保证诸多改革举措落到实处。

1. 建立侦、审阻断机制，充分发挥庭前会议功能，确保审判公正，提高审判效率

所谓的"侦、审阻断机制"①，简单来说，是指以防止法官预断为首要目标，保证"白纸"裁判，将侦查与审判分离开来的审判机制。在"审判中心主义"改革下，为避免"案卷中心主义"，实现庭审实质化，侦、审阻断机制的主要实现方式是合议庭主要成员庭前不阅卷。为此，张建伟教授提出："要实行审判中心主义，若不能下决心实行起诉状一本主义，只怕叶公好龙，难以成事。"②

对此，笔者认为，全案移送在我国具有深厚的历史和现实基础③，同时2018年《刑事诉讼法》刚被修订，短期内再次被修订的可能性不大，因此建议通过建立程序法官，充分利用庭前会议制度，完成庭前阅卷和非法证据排除的相关工作，有效避免心证影响，确保审判公正，提高庭审效率。该制度（如图1-5所示）的核心设计为：第一，命审判长为程序法官，查阅案卷，主持召开庭前会议，其余合议庭成员不得参

---

① 宋英辉教授在介绍日本刑事诉讼法时，指出："起诉书一本主义，是日本刑事起诉方式的一大特色，其作用是切断侦查与审判的直接联系"；陈瑞华教授主张"以司法裁判为中心"来改造我国诉讼构造，其重要一步是"彻底切断审判前的追诉程序与审判程序的因果关系，真正使法庭审判成为决定案件结局的唯一阶段"；李心鉴博士在梳理刑事诉讼构造理论时把实行"起诉书一本主义"的刑事诉讼类型称为"侦审中断式"；万毅博士认为"强调'审判中心主义'，必然要求抑制侦查程序对审判程序的影响，实行侦审阻断制，防止出现所谓'侦查中心主义'"。（参见毛立新：《侦审阻断机制初探》，《政法学刊》2006年第1期，第76页）

② 张建伟：《审判中心主义的实质与表象》，《人民法院报》2014年6月20日，第5版。

③ 1979年，我国刑事诉讼法并未对起诉的程序要件作出具体规定，实践中检察机关立案时通常会将起诉书和全案证据材料移交人民法院。法官通过对案卷材料的审查以决定案件是否达到有罪的证明标准，从而确定对"事实不清、证据不足"的案件是否开庭。由于客观历史条件，疑罪案件的开庭成为法官找证据定罪的平台，此举受到学界猛烈地抨击。在1996年《刑事诉讼法》修改的时候，我国立法者吸取了美国、日本等发达国家的"起诉状一本主义"，即在起诉时检察机关只提交起诉书和证据目录、证人名单以及主要证据复印件，而不提交证据材料，以防止法官预断。但由于检、法两机关对"主要证据"的解释不一，案卷移送的内容也千差万别，直接导致法官对于案件的审查全部要通过第一次开庭才正式开始，无疑增大了法官的工作量，拖延诉讼进度，并引发了检、法之间关于证据的种种冲突。为此，1998年1月六部委制定的《关于刑事诉讼法实施中若干问题的规定》，对"主要证据"作了明确界定。至此，我国确立了"复印件主义"。同时，实践中不少法官为了有效控制庭审，也会私下向检察官借阅案卷材料。基于此，我国2012年《刑事诉讼法》将公诉审查又改为"全卷移送主义"，并在2018年《刑事诉讼法》中继续沿用。

与，以避免心证污染；第二，庭前会议主要解决程序性问题和非法证据排除问题，被排除的证据不得进入法庭审判，其余有关定罪量刑的事实、证据和法律适用问题均在庭审中集中解决；第三，庭前会议所形成的笔录视为书证，在庭审中宣读，经控辩双方确认后可简化涉及相关证据的出示、质证程序，但需要经过合议庭其他成员的审查。

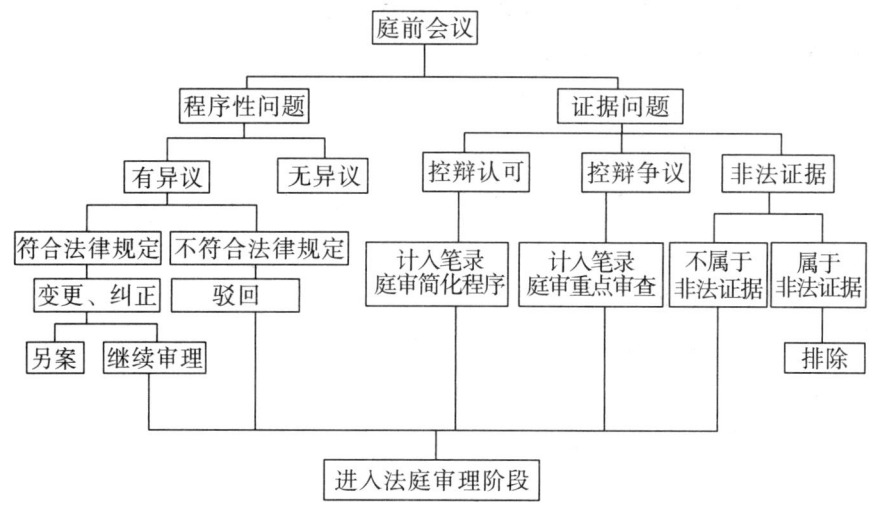

图1—5　庭前会议程序的逻辑结构

由此，庭前会议制度既满足解决程序性争议、实现证据开示、有效整理争点、保障庭审顺利进行、提高庭审效率的立法期许，又在现有制度框架下最大限度保证了"心证形成在法庭"的改革目标。

2. 健全证人出庭保护、保障机制，建立专门人员出庭保证制度

证人出庭接受质询是落实庭审实质化的必然选择，但是面临当前证人出庭率低的客观事实，我们不仅要贯彻落实《刑事诉讼法》所设立的证人强制出庭制度，而且要从人性化的角度建立健全证人出庭的配套机制，具体包含两项内容。一是证人的出庭保护机制，即证人出庭应当受到司法保护，司法机关应当确保证人及其家属的人身安全和财产安全，必要时采取技术性手段保护证人身份，避免经受被追诉人和其他利益群体的打击报复、威胁恐吓及出现不当干预证人如实作证的情况。二是证人出庭的保障机制，即证人出庭作证的交通、餐饮、误工等合理支出应

当予以补偿，减少证人出庭的经济阻碍因素，必要时也可以采用视频作证等变通措施。

同时，为保证庭审所查明的事实真实，证据合法，鉴定意见科学，还应当建立侦查人员、鉴定人、专家辅助人的保证制度，要求专门人员对有争议的问题到庭接受询问，否则相应的证据不得作为定案根据或者在裁判中降低该证据的证明力。

3. 加强庭审辩论色彩，建立独立量刑答辩制度，保证定罪量刑双项公正

"审判中心主义"的内在要求之一是加强控辩双方当庭辩论，将有关决定被追诉人是否构成犯罪及刑事责任大小的问题在庭上集中解决。量刑程序作为刑事审判程序的有机组成部分，在"庭审实质化"改革中应当给予足够的重视。应通过建立相对独立的量刑答辩制度，为控辩双方发表量刑意见提供载体，双方在量刑幅度上"讨价还价"式的对抗与博弈，对法官量刑施加不同方向的合理影响，使得法官更加谨慎斟酌各种有利于和不利于被告人的量刑情节，优化量刑方案并做出理性选择，避免单方面的擅断。①

因此，为达到"审判中心主义"的内在要求，必须制定量刑裁判制度，确保被追诉人被判处适当的刑罚，实现全面的实体公正。

4. 做到及时宣判，逐步实现当庭判决，强化心证形成于法庭

当庭宣判制度，就是要求经过法庭调查、法庭辩论和最后陈述，法官能够依据控辩双方提供的证据材料和主张，当庭确定被追诉人是否构成犯罪及相应的刑事责任问题。笔者以为，当庭宣判制度是庭审实质化的量化举措，倒逼法官注重庭审实质化的刚性要求，迫使法官积极参与法庭庭审，不给予法官更多庭下阅卷时间，避免法官单纯依靠阅卷对被追诉人定罪量刑；同时，配合庭前会议制度，进一步确保心证真正形成在法庭。可以说，当庭宣判制度是"裁判形成于法庭"的最终落脚点。

同时，基于我国审判习惯，考虑到个案具体情况和我国当前法官队伍的整体素质，我们应当首先做到及时判决，避免审判拖延和庭下密室

---

① 朱锡平：《自由裁量权的程序规范化研究》，《中国刑事法杂志》2011年第4期，第48页。

属于一般性、概括性的规定。《刑事诉讼法》规定了八种法定证据种类：①物证；②书证；③证人证言；④被害人陈述；⑤犯罪嫌疑人、被害人供述和辩解；⑥鉴定意见；⑦勘验、检查、辨认、侦查实验等笔录；⑧视听资料、电子数据。对于具体的不同形态的证据的取得，应该根据《刑事诉讼法》"分则"部分（即各分编）的具体规定来执行。并且，三机关有权收集和调取证据，必须要做限缩解释，否则将不当扩张国家权力，容易造成对公民基本权利的侵犯，甚至还会造成法律理解上的冲突。比如，宪法第40条规定只有公安机关和检察院依法定程序检查通信，那么，2018年《刑事诉讼法》第54条中的法院有权收集和调取证据，就不包括"检查通信"。只有这样理解，才不会造成法律理解上的冲突，才能满足"合宪性"要求。诚如卡尔·拉伦茨（Karl Larenz）所言："依字义及脉络关系可能的多数解释中，应优先选择符合宪法原则，因此得以维持的规范解释。"① 毕竟，宪法具有最高位阶，应该根据宪法来解释法律，而不是根据法律来解释宪法。再比如，《刑事诉讼法》第141条规定了侦查机关有权对用以证明犯罪嫌疑人有罪或无罪的各种财物、文件予以查封、扣押。在此，财物和文件，有可能是物证，也有可能是书证，那么，就不能用《刑事诉讼法》第54条第1款所说的"调取"来替换，即不能简单替换为"收集、调取物证（或书证）"。否则，一方面，"查封、扣押"属于强制侦查措施，需要满足法定条件和程序才可实施，而"调取"往往被侦查机关视为一种任性侦查措施，采用起来也更为便利。这就势必容易导致"查封、扣押"行为被"调取"措施替代，从而使《刑事诉讼法》通过对侦查机关的强制侦查行为设置法律约束来保障人权之目的落空。另一方面，以"调取"替换"查封、扣押"，不仅是一种混用，也违背了刑事诉讼法的体系解释。"调取"属于《刑事诉讼法》总则的概括性规定，而"查封、扣押"属于《刑事诉讼法》"分则"（具体为第二编"立案、侦查和提起公诉"第二章"侦查"）的具体规定。显然，对于《刑事诉讼法》"分则"的具体规定，就应该依其程序和规范进行，不可径行以"总则"的概括性规定来替换。

---

① 卡尔·拉伦茨：《法学方法论》，陈爱娥译，商务印书馆2003年版，第221页。

审判，压缩其他机关、团体干预的时间空间；在此基础上，落实集中审理，逐步实现当庭宣判，保证审判公正。

综上所述，不难发现，"审判中心主义"其实是流程中心主义，而非角色中心主义。它以程序法定为始点，关注刑事诉讼的流程对刑事案件处理结果的影响，明确审判尤其是庭审才是解决罪责问题的核心环节。这种流程中心主义更多影响的是证据的裁判规则，以及证人、鉴定人的出庭制度等程序法制度的改革问题。当前我国虽然在"审判中心主义"的实现路径上存在条件不足、落实不力等诸多阻碍，但是相信通过两个"面向"践行和司法技术的稳步提升，"审判中心主义"的全面实现指日可待。

第二章　刑事证据改革观察与展望

第一章立足于刑事程序改革问题，着重借助分析实证主义"权力"概念和结构主义方法集中讨论审判中心主义。本章则着眼于刑事证据改革问题，主要讨论电子数据的运用和个人资料自主权问题，回应新技术兴起、信息时代下对刑事证据法的新考验。本章分为三节，分别探讨电子数据取证程序规范、区块链技术背景下的电子数据运用、信息化侦查中公民个人资料自主权的保护。

首先，在"互联网＋"、大数据时代背景下，电子数据在刑事诉讼中的证据地位凸显，但相关取证程序不尽规范，这势必影响电子数据的证据能力乃至证明力，而电子数据证据能力的保障与取证程序的规范息息相关。因此，关注电子数据取证的正当法律程序就显得非常必要，这也是电子数据得以充分和有效运用的基础。

其次，司法实践中，电子数据的真实性常常需要公证或鉴定"背书"才能得到认定，区块链技术特有的难以篡改性、不可抵赖性及多方参与性等特征，与电子数据运用的需求天然契合，有利于保证电子数据的原始性与真实性，似乎为解决电子数据真实性认定困境提供了解决路径。不过，区块链技术的证据运用也对传统刑事证据理论造成一定冲击，亟须理论回应。

最后，规范电子数据取证程序和数据运用，有助于保障公民隐私和个人信息的安全。近年来，我国刑事侦查信息化水平不断提升，有利于丰富侦查机关的侦查手段，提升侦查机关的侦查能力，同时也可能对公民的个人信息自主权构成潜在威胁，因此需要重视信息化侦查中公民个人资料自主权的保护问题。

第一节　信息时代电子数据取证程序

在"互联网+"、大数据时代背景下,电子数据在刑事案件中的证据地位愈发凸显,电子数据的取证程序问题变得更为重要。虽然刑事诉讼法在立法上认可电子数据的证据地位,但有关电子数据取证的法律程序仍属空白。"两高一部"联合出台的《关于办理刑事案件收集提取和审查判断电子数据若干问题的规定》(法发〔2016〕22号)(以下简称《电子数据规定》)在一定程度上填补了立法的空白,但仍有不足。因此,强调关注电子数据取证的正当法律程序显得非常必要。

一、问题的提出

进入网络化、信息化时代,科技的进步与便捷在深刻地改变人们的生活方式、极大地便利人们生活的同时,也带来了一系列的风险。近年来出现的网络投资诈骗犯罪案件、"伪基站"犯罪案件、非法买卖公民个人信息案件、非法使用无线屏蔽器实施犯罪案件等,莫不与信息技术被不当利用有关,此时电子数据的证据地位更为凸显。一方面,电子数据愈来愈成为刑事侦查中破案的关键;另一方面,诸多电子数据与公民的生活息息相关,关联到公民的个人信息自主权乃至隐私权。虽然2012年《刑事诉讼法》增加"电子数据"作为法定的证据种类之一[①],但关于刑事诉讼中的电子数据取证[②]的法律规范,立法上却付之阙如。而尽管最高法、最高检和公安部于2016年9月9日联合出台并于10月1日施行的《电子数据规定》成为国内首份专门针对刑事案件中电子数据的取证和审查判断的规范性文件,但就取证程序而言,这一规定仍显粗略。诚然,按照《中华人民共和国立法法》的规定,"两高一部"的《电子数据规定》不属于"法律",但是,对于司法实务部门而言,《电

[①] 《电子数据规定》出台前,对于法院的实际审判而言,即便在《刑事诉讼法》将"电子数据"纳入法定证据种类以前,电子数据还是会出现在判决书中。

[②] 此处所称的"取证",指侦查机关的收集、调取证据行为。

子数据规定》却是办案的"具体指南"。如此,更需要对《电子数据规定》可能的不足之处进行梳理与完善。首先,需要分析《电子数据规定》有关取证行为的内容,以分析相关表述是否妥适;其次,通过一番寻根究底,才能探究背后的实质:公民基本权利与自由的保障是否被忽视了。在此基础之上,才有助于进一步思考电子数据取证的正当法律程序问题。

二、"咬文嚼字":取证行为表述的不规范、混乱

从文本来看,《电子数据规定》共计30条,分为"一般规定"(第1～6条)、"电子数据的收集与提取"(第7～17条)、"电子数据的移送与展示"(第18～21条)、"电子数据的审查与判断"(第22～28条)和"附则"(第29～30条)五个部分。就条文数量而言,作为《电子数据规定》第二部分的"电子数据的收集与提取"占了11条,比重最高。按照《电子数据规定》的表述,对电子数据的收集与提取,具体分为5种:①扣押电子数据原始存取介质;②在无法扣押原始存储介质时,直接提取电子数据;③既不能扣押又不能直接提取的,通过"打印、拍照或者录像"等方式固定相关证据;④冻结电子数据;⑤调取电子数据。其中某些表述,从证据法学用语角度以及与刑事诉讼法的关系来看,有值得商榷之处。

以"提取"为例,《电子数据规定》第9条第1款提到,由于"原始存储介质不便封存的;提取计算机内存数据、网络传输数据等不是存储在存储介质上的电子数据的;原始存储介质位于境外的;其他无法扣押原始存储介质的情形"四种情形之一的,可以提取电子数据。紧接着,第2款规定:"对于原始存储介质位于境外或者远程计算机信息系统上的电子数据,可以通过网络在线提取。"在此,"提取"显然算保全证据的一种方式。从立法上看,现行《刑事诉讼法》对"提取"一词的使用,仅出现在第132条第1款之中:"为了确定被害人、犯罪嫌疑人的某些特征、伤害情况或者生理状态,可以对人身进行检查,可以提取指纹信息,采集血液、尿液等生物样本。"除此之外,再无其他条文使

用"提取"一词。① 由法条的表述可以看出：《刑事诉讼法》中的"提取"，是在侦查机关实施具体的人身检查这一强制侦查行为中使用，其适用对象为指纹信息。对于强制侦查，日本刑诉学者田口守一教授认为："所谓强制措施，就是侵害个人重要利益的处分。使用强制措施的侦查叫作强制侦查，不使用强制措施的侦查叫任意侦查。"② 区分强制侦查与任意侦查，主要在于强制侦查侵害了个人重要利益，因此应对强制侦查要求贯彻强制侦查法定和司法令状主义原则。我国没有实行司法令状主义，经过立案环节之后，侦查机关就可以实施：讯问犯罪嫌疑人；询问证人；勘验、检查；搜查；查封、扣押；鉴定；技术侦查；通缉。对于典型的强制侦查行为——搜查和扣押，不需要司法令状。那么，对于《电子数据规定》第 9 条中的"提取"行为，该如何理解呢？它与刑事诉讼法中所列的侦查行为又是何种关系呢？在司法实务中，"提取"并不是一个陌生的概念，如典型的"提取指纹"，甚至还有实物证据，如犯罪现场留下的作案工具，侦查机关也使用"提取"概念。对于提取行为的实质，似乎有必要深究一番。在证据法理上，提取本是扣押的一种表现形式。刑事诉讼中的扣押本就是对涉案财物和证据的强制性提取和占有。"广义的扣押"，囊括了我国现行《刑事诉讼法》所规定的提取、扣押（狭义的）、查封、冻结的行为，只是我国立法上没有采用"广义的扣押"概念，而是分解为四项独立的、有各自适用对象的强制性侦查措施。③ 并且，"扣押作为刑事程序的强制处分手段，其主要目的，乃在于对所取得的资料为保全的措施……"④ 既然提取的实质是一种扣押（广义的）⑤，是一种对物强制处分，那么，即便我国没有采

---

① 与立法不同的是，"提取"一词在公安机关的规范性文件中出现得比较多。
② 田口守一：《刑事诉讼法》，张凌、于秀峰译，中国政法大学出版社 2010 年版，第 32~33 页。
③ 万毅：《证据法学研究用语不规范问题初探》，《证据科学》2014 年第 2 期，第 162 页。
④ 柯耀程：《扣押问题的定性与思辩》，《高大法学论丛》2011 年第 2 期，第 110 页。
⑤ 有观点认为，提取分为任意性提取和强制性提取。对于任意性提取，如提取野外的物证，属于任意侦查措施。所以，提取未必就是一种强制侦查措施。然而，在笔者看来，不管是任意性提取还是强制性提取，都最终表现为对提取物的占有，从而体现出一种"权利干预性"，符合扣押这一种强制处分的本质特征。因此，提取的实质是一种扣押（广义的），是一种对物强制处分。

用司法令状主义，也应当注重程序规制。换言之，对于电子数据的获取而言，即便《电子数据规定》使用"收集、提取"作为基本方法，也不能因此"遮蔽"我们对提取行为实质的认识和理解。

其实，电子数据取证的基本方法，主要应该是搜查和扣押。与传统的实物证据不同，电子数据最大的特点在于其"无形性"，本身是附着于相关的实体存储介质或非物理空间（如"网盘"）的。如此一来，要获取电子数据，或者从相关的实体存储介质中取得，或者从非物理空间取得。无论是哪一种情况，都需要分为两个步骤：①排除妨碍；②取得数据。例如，要获取存储于个人电脑中的电子数据，除非个人（相对人或第三人）"同意配合"，否则侦查机关必须首先要排除妨碍。通过"扣押"这一排除妨碍的方式后，侦查机关再搜索需要的数据，从而最终取得数据。对这样的模式，有学者将之概括为"二阶段搜索模式（two-stage searching approach）"。"在此种搜索模式中，整个程序会分为进入特定处所搜寻并扣押电磁记录之载体（第一阶段），再于搜索现场以外之处，以侦查机关的设备，依电脑鉴识（computer forensic）的程序，搜寻载体内有无所需之电磁记录（第二阶段）两个阶段执行。"[①] 可以说，对于附着于相关实体存储介质的电子数据的获取，一般而言，首先需要有以扣押为目的的搜查，其次是寻找目标电子数据的搜查。在此，存在两个搜查行为：一是对存储电子数据的载体进行搜查，二是对载体中的电子数据进行搜查。既然存在两个搜查行为，那么，这两个搜查行为是否需要分别授权呢？换言之，需要多少张搜查证呢？对此，需要进行区分：①如果说侦查人员本身就是为了获取特定电子数据而扣押存储电子数据的载体，获得了扣押特定载体的搜查证，那么，后续对特定载体的搜查，就不需要获得另外的授权。一张搜查证就足以涵盖两次搜查行为。例如，为了获取非法买卖公民个人信息案中存储在被告计算机中的电子数据，侦查人员在扣押该计算机后，对计算机中存储的有关公民个人信息的数据的搜查，就无须另外的搜查授权了。②如果说侦查人员在扣押特定载体后，又决定对该特定载体进行搜查以寻找另外的证据，

[①] 李荣耕：《电磁记录的搜索及扣押》，《台大法学论丛》2012年第3期，第1060页。

那么就需要获得另外的搜查授权，需要第二张搜查证。例如，侦查人员在被告人的电脑中发现了不属于非法买卖公民个人信息案而属于网络诈骗案的证据，就需要申请第二张搜查证继续对计算机进行搜查。可以说，搜查目的的不同，将决定搜查行为是否需要分别授权。① 对于存在于非物理空间的电子数据而言，一般来说，都是由互联网企业保管的。侦查机关要获取它们，也离不开"双重步骤"。② 应该说，电子数据取证中的"双重步骤"，已经关涉到对财产权、隐私权等基本权利保护问题，需要立法对电子数据的搜查和扣押程序给予合理有效规制。③ 当然，除了搜查和扣押之外，电子数据取证中还涉及技术侦查问题。2012年《刑事诉讼法》将技术侦查纳入法典，但没有明确其概念与方式。对于"技术侦查措施"的理解，无论是学界还是业界都仍然存在争议。《电子数据规定》第6条、第9条明确侦查机关可以通过网络在线提取电子数据，问题在于，"网络在线提取"是否属于技术侦查措施呢？有学者主张："网络侦查"与"数字化侦查"均应纳入技术侦查范畴。网络侦查，尤其是具有"侵入性和监控性"的网络搜查（在线搜查），对公民通信自由权和隐私权的影响不亚于传统的通信监听等技术侦查措施；而数字化侦查，基于侦查机关搜集信息的广泛性，涉及"以高科技手段干预公民资讯自决权和隐私权，严重威胁公民社会的生存"，也需要归为技术侦查措施加以规范。④ 当网络在线提取电子数据以"网络搜查"方式进行时，其涉及公民通信自由权和隐私权的干预与限制，无疑归属于技术侦查，应受到严格的限制。即便不属于网络搜查，若符合数

---

① 对于搜查证的授权问题，美国法中的丰富的司法实践可以给我们更多的启示。参见：Computer Crime and Intellectual Property Section, Criminal Division, United States Department of Justice. *Searching and Seizing Computers and Obtaining Electronic Evidence in Criminal Investigations*. 2009, pp. 90－91. https://www.justice.gov/sites/default/files/criminal－ccips/legacy/2015/01/14/ssmanual2009.pdf，访问时间：2021年6月22日。
② 获取非物理空间的电子数据问题，情形更为复杂，需要另外撰文展开论述。
③ 关于设置我国电子数据的搜查和扣押程序规则的相关文献，可参见陈永生：《电子数据搜查、扣押的法律规制》，《现代法学》2014年第5期，第111~127页；周新：《刑事电子搜查程序规范之研究》，《政治与法律》2016年第7期，第142~150页。
④ 万毅：《解读"技术侦查"与"乔装侦查"——以〈刑事诉讼法修正案〉为中心的规范分析》，《现代法学》2012年第6期，第183~184页。

字化侦查，亦应纳入技术侦查加以规制。有研究基于对裁判文书的实证分析指出，目前我国司法实践中，"检验鉴定、勘验和检查"是电子数据取证中适用最为广泛的三种形式，而搜查并不多见。① 这显然不是因为实践中不存在对电子数据的搜查行为，而是实质意义上的搜查被"检验鉴定、勘验和检查"等措施替换了。

再如，"固定相关证据"的表述也不够严谨。有学者归纳出我国司法实践中"固定证据"一语一般有四种含义：①补强证据；②保全证据；③收集或制作证据；④转化证据形式。而其中，只有"转化证据形式"可能才是固定证据的本来含义。② 依据《电子数据规定》第10条，由于客观原因无法或者不宜扣押电子数据原始存储介质，不宜提取电子数据的，可以采取打印、拍照或者录像等方式固定相关证据，并在笔录中说明原因。这里的"固定证据"，其实应该属于证据法理上的"保全证据"范畴。用"固定证据"的表述，容易引起混淆。并且，"'固定证据'一语，反映出一种'侦查中心主义'的诉讼观念，因为，证据本是认定事实的依据，庭审的目的即在于通过对证据之证据能力和证明力的审查、判断，来认定事实，进而定罪量刑；如果在庭前即可以固定（确认）证据的证明力，岂不是意味着在侦查程序中即可认定事实，那庭审岂不是成为'走过场'？！"③ 的确，"固定证据"除了本身表述不清之外，还容易造成不当的理解。尤其是在"以审判为中心"的诉讼制度改革背景之下，更需要廓清概念。值得一提的是，司法实践中之所以会"转化证据形式"，主要是为了庭审中质证的方便。然而，证据形式转化后的材料，只能视为原证据材料的附属物，其本身不是新的证据形态，法官不能以此作为定案证据。毕竟，"从证据法理上讲，证据一旦生成，其性质和属性就应当是固定不变的"④。强调证据的本原属性，是为了

---

① 胡铭、王林：《刑事案件中的电子取证：规则、实践及其完善——基于裁判文书的实证分析》，《政法学刊》2017年第1期，第83页。

② 万毅：《证据法学研究用语不规范问题初探》，《证据科学》2014年第2期，第160～161页。

③ 万毅：《证据法学研究用语不规范问题初探》，《证据科学》2014年第2期，第161页。

④ 万毅：《证据概念及其分类制度批判——法解释学角度的反思》，《兰州学刊》2015年第6期，第140页。

避免因人为随意转化证据形式而影响对证据（证据能力和证明力）的审查判断。例如，电子数据会被转化为书面材料，会被刻录成光盘等，这样的转化只是对原始电子数据的筛选的结果，并不是对原始电子数据的完整的"比特流备份"，而"为了确保原始证据的证据完整性（evidentiary integrity），电脑鉴识（computer forensics）程序通常先生成一个原始存储设备的完好的'比特流'备份（perfect 'bistream' copy）或'镜像'（image），它们作为'只读'文件被保存下来"。"比特流备份"不同于通常的电脑间的文件拷贝，它可以确保与原始硬盘的同一性（identical）。[1] 无论是书面材料还是光盘，都只是原证据材料——电子数据的附属物；最重要的是，对书面材料、光盘与电子数据的审查判断方法是不同的。这样的不同，将影响到法官对相关证据的证据能力和证明力的判断，从而最终影响案件的裁判。因此，法官不能简单以"转化后的证据形式"作为定案证据，而是要注重对原证据材料的审查判断。

三、"寻根究底"：对基本权利保障的忽视

如前所述，在电子数据取证中，需要对公民的财产权、隐私权、通信自由权和资讯自决权等基本权利加以保障。应通过正当法律程序，规范侦查机关的取证，确保其在合法性的前提下有效行使职权，避免不当行为侵犯公民的基本权利。而"两高一部"出台的专门规定对侦查机关取证行为的程序规制不足。

例如，我国宪法第 40 条规定："中华人民共和国公民的通信自由和通信秘密受法律的保护。除因国家安全或者追查刑事犯罪的需要，由公安机关或者检察机关依照法律规定的程序对通信进行检查外，任何组织或者个人不得以任何理由侵犯公民的通信自由和通信秘密。"从该条文表述来看，宪法保障公民的通信自由与秘密，侦查机关唯有依照法律规定的程序才能对其加以限制。在此，"法律规定的程序"中的"法律"，

---

[1] Orin S. Kerr, "Searches and Seizures in a Digital World", *Harvard Law Review*, 2005, Vol. 119, pp. 540—541.

只能是"狭义的法律"(即制定主体仅为全国人大及其常委会),而不是包括行政法规、地方性法规等在内的"广义的法律"。2018年《刑事诉讼法》第3条第2款也确立了严格遵守法定程序原则,即"人民法院、人民检察院和公安机关进行刑事诉讼,必须严格遵守本法和其他法律的有关规定"。"本法和其他法律"与宪法中的"法律程序"相符。《电子数据规定》第1条第2款将"手机短信、电子邮件、即时通信、通讯群组等网络应用服务的通信信息"纳入电子数据范畴,而这些通信信息将会涉及公民的通信秘密与隐私权,根据宪法以及刑事诉讼法的规定,要检查它们,必须遵守法律程序。而《电子数据规定》中的"网络在线提取"电子数据,以及无法扣押原始存储介质时"提取"电子数据的行为,均尚未被纳入刑事诉讼法规范,当其涉及通信信息时,如何称得上遵循"法律程序"乃至"正当法律程序"?

再如,《电子数据规定》第3条规定:"人民法院、人民检察院和公安机关有权依法向有关单位和个人收集、调取电子数据。有关单位和个人应当如实提供。"第13条规定:"调取电子数据,应当制作调取证据通知书,注明需要调取电子数据的相关信息,通知电子数据持有人、网络服务提供者或者有关部门执行。"笔者认为,这第3条是照搬2012年《刑事诉讼法》第52条第1款(即2018年《刑事诉讼法》第54条第1款)[1]的"人民法院、人民检察院和公安机关有权向有关单位和个人收集、调取证据。有关单位和个人应当如实提供证据"[2]。只是,"两高一部"的规定将《刑事诉讼法》中的"收集、调取证据"变为"收集、调取电子数据"。如此一来,侦查机关就"有权"向有关单位和个人收集、调取电子数据,而相对方还应当如实提供。这样的做法是否妥当,值得探讨。

其一,2018年《刑事诉讼法》第54条第1款属于"总则"部分,

---

[1] 2018年《刑事诉讼法》将2012年《刑事诉讼法》第52条的法条序号变更为第54条,但内容不变。

[2] 关于刑事诉讼中的"调取证据"的性质分析,可参见艾明:《调取证据应该成为一项独立的侦查取证措施吗?——调取证据措施正当性批判》,《证据科学》2016年第2期,第155~166页。

所以说，《电子数据规定》将《刑事诉讼法》中的"收集、调取证据"直接替换为"收集、调取电子数据"，是不适宜的。

其二，从法理上来说，不能任意对公民设定与施加"义务"。在凯尔森（Hans Kelsen）看来，"一个法律义务的存在不过是法律规范的效力而已，这一规范使制裁有赖于违反法律义务的行为，法律义务不是离开法律规范的事物。法律义务不过是法律规范对某行为在规范中赋予制裁的那个人的关系而已"①。义务与制裁相关，当一个人违反了法律义务的时候，制裁的条件就"成就"了。而所谓制裁，"是由法律秩序所规定以促使实现立法者认为要有的一定的人的行为"②。制裁带有强制性，有威慑的成分，因此必须要有法律的明确规定，否则将侵犯国民的自由。回到我国现行《刑事诉讼法》第54条第1款，该条文提到三机关有权向有关单位和个人收集、调取证据，并指出相对方应如实提供。但是，条文中没有提及当相对方不配合时该如何解决，可以说，立法上没有明确对此施加制裁。从这一层面来讲，笔者认为，有关单位和个人并没有真正的法律义务。

其三，对该条文中的"有权"一语，需要进一步厘清其含义。这里的"有权"，显然指的是"有权力（Power）"。按照分析法学派霍菲尔德（Wesley Newcomb Hohfeld）的观点，与"权力（Power）"相关（Jural Correlative）的基本概念是"责任（liability）"。"所谓权力就是指A与B之间存在一种法律关系，A能够通过自己的行为创设A与B或B与其他人之间的法律关系。那么，所谓责任就是指B应当承受A通过自己行为所创设的A与B之间或B与其他人之间的法律关系。"③三机关有权力向有关单位和个人收集、调取证据，其实质在于与相对方之间创设了一种法律关系，相对方有责任承受这种法律关系。但是，这仍然只是一种"责任"，而不是一种"义务"。"责任"虽然是一种负担，但不像"义务"那样可以施加制裁与惩罚。所以说，《刑事诉讼法》第

---

① 凯尔森：《法与国家的一般理论》，沈宗灵译，商务印书馆2013年版，第105页。
② 凯尔森：《法与国家的一般理论》，沈宗灵译，商务印书馆2013年版，第92页。
③ 王涌：《寻找法律概念的"最小公分母"——霍菲尔德法律概念分析思想研究》，《比较法研究》1998年第2期，第156页。

54条第1款并没有给相对方（有关单位和个人）设定义务。《电子数据规定》第3条借用了《刑事诉讼法》规定，并在第13条要求电子数据持有人、网络服务提供者或者有关部门执行侦查机关调取电子数据的通知。这样的做法带着浓重的"权力本位"色彩，忽视了对公民的资讯自决权、隐私权等权利的保障。当电子数据的取得需要网络服务提供者的协助时，相关网络服务提供者本身负有特定的保密义务，仅仅通过算不上相对方义务的"调取通知"就免除相对方的保密义务，其合理性和正当性都是欠缺的。

又如，《电子数据规定》将扣押电子数据原始存储介质作为电子数据取证的首选方式。尽管"扣押"属于刑事诉讼中的强制侦查措施，但如前所述，在我国，不需要遵循司法令状主义，而是侦查机关"自行决定"。对检察院而言，根据2019年最高检《人民检察院刑事诉讼规则》第210条规定，需要经检察长批准。对公安机关来说，2020年《公安机关办理刑事案件程序规定》第228条第1款规定："在侦查过程中需要扣押财物、文件的，应当经办案部门负责人批准，制作扣押决定书；在现场勘查或者搜查中需要扣押财物、文件的，由现场指挥人员决定；但扣押财物、文件价值较高或者可能严重影响正常生产经营的，应当经县级以上公安机关负责人批准，制作扣押决定书。"由此可见，与检察院不同，公安机关有权决定扣押的主体包括"办案部门负责人""现场指挥人员"和"县级以上公安机关负责人"。可以说，在这样的扣押程序之下，侦查机关要扣押电子数据原始存储介质，并不困难。并且，《电子数据规定》本身对扣押程序没有施加程序规制。"由于电子数据的特殊性，侦查人员为获取电子数据，一般都需要较长时间扣押存储介质，这必然影响相对人的财产权；同时，侦查人员在存储介质中搜索电子数据的过程中不可避免会接触到与案件无关的私人信息，势必影响到相对人或第三人的隐私权保护。"① 一方面，对电子数据原始存储介质的扣押涉及对财产权的干预与限制，扣押的"粗略"，势必容易出现对

---

① 骆绪刚：《电子数据搜查扣押程序的立法构建》，《政治与法律》2015年第6期，第155页。

财产权的不当侵犯；另一方面，由于电子数据信息量大，位于原始存储介质中的电子数据有一部分乃至相当多的部分根本就与犯罪无关，且涉及个人信息乃至隐私权。而《电子数据规定》中扣押的只是电子数据的载体——原始存储介质，对于要获取的电子数据，势必需要另外的搜索，而这样的搜索属于实质意义上的"搜查"。"判断搜索的标准应该是：第一，政府是否物理侵入法律所保护之区域；第二，政府是否侵犯人民的隐私权。"① 按照王兆鹏教授的观点，侦查机关扣押原始存储介质后的搜索，由于会侵犯公民的隐私权，因此属于"搜查"这一强制处分行为。应当说，扣押容纳电子数据的原始存储介质，与传统的扣押中为单纯获得扣押物不同，扣押是为了获取扣押物中的电子数据。既然如此，势必离不开搜索，尽管与一般的搜查不同，但仍属于搜查。对于这样的搜查，需要设置相应的程序规则。遗憾的是，《电子数据规定》对搜查未置一语。

如前文所述，电子数据取证的基本方法为搜查与扣押，还包括技术侦查措施。对于它们，都务必要有正当法律程序的规制。以美国为例，政府要获取电子数据，除了受到联邦宪法第四修正案的限制之外，还需要遵守电子通信隐私法（Electronic Communication Privacy Act of 1986，ECPA）、隐私权保障法（Privacy Protection Act）、通信辅助侦查法（Communications Assistance for Law Enforcement Act，CALEA）和爱国者法案（the USA Patriot Act）等联邦法规。并且，美国电子通信隐私法对不同的数据进行分类，并设置不同的程序赋予其不同程度的保障。对于网络数据，分为网络用户基本资讯、从属于网络用户之记录或其他信息、通信内容。当政府需要强制网络服务商提供数据时，就得通过传票（Subpoena）、事先通知网络用户之传票（Subpoena with Prior Notice to the Subscriber or Customer）、法院命令（Court Order）、事先通知网络用户之法院命令和搜查令（Warrant）五种方式之一。②

"强制处分在公法上之定位，属于干预人民受宪法所保障的基本权

---

① 王兆鹏：《美国刑事诉讼法》（第二版），北京大学出版社 2014 年版，第 86 页。
② 法思齐：《美国法上数位证据之取得与保存》，《东吴法律学报》2011 年第 3 期，第 119～124 页。

利的行为,此种干预行为,同时受到法律保留原则以及比例原则的拘束。"① 电子数据取证,需要经过"合法性"与"合宪性"的双重检验,这是公民基本权利保障的必然要求。《电子数据规定》作为"两高一部"的规范性文件,应该恪守从刑事诉讼法到宪法的"双层规范",注重对公民基本权利的保障。从法理上来说,对于公民宪法基本权利的干预,必须遵循法律保留原则,即"必须有法律之授权依据,并且应该谨守法律设定之要件限制"②。电子数据取证需要恪守法律保留原则,尤其是在缺乏相应的有关电子数据取证的法律③规范之前提下,即便《电子数据规定》的出台可以起到"拾遗补缺"作用,也不能突破法律保留原则这一底线,避免"自我授权"。有学者指出:在"以审判为中心"的诉讼制度改革背景下,需要通过《电子数据规定》的制定与实施来反思司法、执法规范性文件的制定机制和程序。④ 当然,对于一份规范性文件我们似乎也不能苛求太多。毕竟,这是需要从立法上加以改进与完善的,需要一整套正当法律程序规则。

"两高一部"的《电子数据规定》旨在"规范电子数据的收集提取和审查判断,提高刑事案件办案质量",在立法缺漏的情况下,具有一定的作用。但是如上文所分析的那样,这一规定不仅形式合法性存疑,有关的取证行为表述也不规范。就事关公民基本权利保障的电子数据取证行为来说,更应该强调正当法律程序。正当法律程序,既强调"形式合法性"——由立法机关制定的法律来规定程序,也强调"实质合法性"——立法机关所规定的程序是正当的、合理的。"法治应包含两重意义:已成立的法律获得普遍的服从,而大家所服从的法律又应该本身是制定得良好的法律。"⑤ 此外,面对明显不同于传统实物证据的电子数据,传统的搜查与扣押程序需要得到进一步完善。对我们来说,更大

---

① 林钰雄:《刑事诉讼法》(上册 总论编),中国人民大学出版社2005年版,第232页。
② 林钰雄:《刑事诉讼法》(上册 总论编),中国人民大学出版社2005年版,第232页。
③ 指"狭义的法律"。
④ 龙宗智:《寻求有效取证与保证权利的平衡——评"两高一部"电子数据证据规定》,《法学》2016年第11期,第14页。
⑤ 亚里士多德:《政治学》,吴寿彭译,商务印书馆1965年版,第202页。

的问题在于，即便是传统的搜查、扣押等强制处分程序，现行刑诉制度也存在诸多亟待完善的地方，那么，如何一体解决"遗留问题"以及电子数据取证的正当法律程序问题，将是复杂而至关重要的。应当说，我们所要思考的，还远远不止于厘清"两高一部"《电子数据规定》所存在的问题，尤其是在"互联网＋"、大数据时代背景下，有关电子数据的取证程序问题将更为重要。

第二节　区块链技术背景下电子数据运用的实践

上一节借助"两高一部"的《电子数据规定》讨论了电子数据取证的正当法律程序问题，毕竟其攸关电子数据的证据能力。这一节则探讨区块链技术背景下电子数据的实际运用问题。现代网络技术对人类生活的渗透和改变，使得"电子数据"在司法实践中发挥着日益重要的作用。2012年，我国民事诉讼法和刑事诉讼法将"电子数据"规定为一项独立证据，是对这一趋势的重视和必要回应。司法实践表明，个案中电子数据的真实性难以保障，常常需要公证或鉴定"背书"才能认定，但区块链技术的发展似乎为此困局提供了解决路径。区块链技术特有的难以篡改性、不可抵赖性及多方参与性等特征与电子数据运用的需求天然契合，有利于保证电子数据的原始性与真实性。正因如此，"区块链＋电子数据"的模式得到多方认可，并借由互联网法院和智慧司法建设成为各界关注焦点。

2018年6月，全国首例区块链存证案在杭州互联网法院一审宣判。2018年9月，最高院开始施行《关于互联网法院审理案件若干问题的规定》（以下简称《互联网法院审理规定》），其中第11条规定：电子数据可以通过电子签名、可信时间戳、哈希值校验、区块链等证据收集、固定和防篡改的技术手段或者通过电子取证存证平台认证。这是我国第一次以司法解释的形式对区块链存证效力进行法律确认。① 2019年10月，全国首例运用区块链存证的刑事案件在浙江省绍兴市上虞区法院审结。区块链技术的运用范围从民事证据拓展到刑事证据中，有了更大的发挥空间。

"区块链＋电子数据"的新型模式为证据运用带来了全新视角，立法的突破为其提供了基本法律依据，司法实践的探索则让其大放异彩。对此不少学者持乐观态度，有学者坦言，司法过程中的证据保存、提交和验证都可以借助区块链技术得以完成。区块链技术将会直接改变法律（包括规制手段）的形态。② 然而，当前法学界对区块链技术的司法运用研究还不充分，相关理论探讨文章数量较少，无法为立法和司法的深入发展提供坚实的学理支撑。"世界上，没有比中国人更痛快地拥抱数字革命的。"③ 计算机技术的发展势必会深刻影响证据法的发展走向，正如区块链技术的运用已经在很大程度改变了电子数据的运用模式，顺势而为固然重要，但似乎我们还应当对此做更多功课。有鉴于此，本部分拟在总结区块链技术优势、梳理司法实践的基础上，对当前区块链技术的适用进行技术和法律两方面的冷静反思，为下一步区块链技术与证据运用的深度融合提供不同思路，助推"数字法治，智慧司法"建设。

一、区块链技术在电子数据运用中的优势

区块链（blockchain）是一种由多方共同维护，使用密码学保证传输和访问安全，能够实现数据一致存储、难以篡改、防止抵赖的记账技术，也称为分布式账本技术。④ 利用区块链技术能够对电子数据的生成、收集、存储进行全过程的安全防护，防止篡改风险，提供实时查验及溯源，具有保障电子数据的真实性、降低数据依附性和便利认证的技

---

① 参见庄德通：《区块链存证真正"落地"还有多远？》，《民主与法制时报》2019年6月6日，第6版。
② 郑戈：《区块链与未来法治》，《东方法学》2018年第3期，第86页。
③ 张蕴岭：《颠覆性的"数字革命"》，《世界知识》2019年第14期，第72页。
④ 参见可信区块链推进计划：《区块链司法存证应用白皮书》（1.0版）第9页，2019年5月发布，访问地址：http://www.trustedblockchain.cn/schedule/detail/2992，访问时间：2021年1月10日。

术优势。

(一) 保证数据真实性,减少鉴定依赖

根据《电子数据规定》第 1 条和第 2 条,电子数据是案件发生过程中形成的,以数字化形式存储、处理、传输的,能够证明案件事实的数据。如常见的微信朋友圈、微博、网购交易记录、电子文档、电子图片等。取证方式通常为查封电子数据原始载体,如提存手机、电脑等。然而,由于电子数据的中心化存证方式,即数据由控制方单方持有,原始数据被篡改或中心遭受攻击数据丢失的风险。以电子图片为例,用户可以利用 Photoshop 技术对照片内容进行不着痕迹地随意修改,普通人难以识别。就电子文档而言,用户可以对其信息进行任意删减、修改。若数据载体(如电脑、硬盘)遭受木马病毒,还可能造成数据丢失。

司法实践中常常出现当事人双方出具实质内容不同的两份电子资料,造成认证难题。为此,《电子数据规定》第 17 条规定对电子数据有疑问的,应当进行鉴定或者检验。由于对电子数据真实性、完整性争议过于经常和普遍,实务中对电子数据的鉴定率十分高。曾有学者实证分析得出 2005 年至 2015 年网络假货犯罪中,对电子数据开展司法鉴定的案件比例达到了近 50%,[1] 远远高出一般案件的司法鉴定率,体现出个案电子数据的审查判断对司法鉴定的依赖性。如郑某某等与北京市红十字会紧急救援中心等医疗损害责任纠纷一案中,因原告提交的病历与先前打印的病历不一致,具有伪造、篡改或销毁病历资料的嫌疑,因此申请启动电子数据鉴定,法院审查后委托国家信息中心电子数据司法鉴定中心进行鉴定。[2] 可以说,只要诉讼当事人提出电子数据真实、完整性质疑,除非通过肉眼和一般技术能够轻易识别,否则均会对此开展司法鉴定。这实际上是将庭前证据取证存证的技术问题遗留成为庭审中的法律认证问题,不仅加重当事人的诉讼成本,更有浪费司法鉴定资源之嫌,不利于提升司法效率。

---

[1] 胡铭:《电子数据在刑事证据体系中的定位与审查判断规则——基于网络假货犯罪案件裁判文书的分析》,《法学研究》2019 年第 2 期,第 181 页。
[2] 参见北京市丰台区人民法院(2017)京 0106 民初 19222 号一审民事判决书。

之所以将电子数据的提取和存储归结为一种技术问题，主要是因为其涉及两个核心问题：一是需要利用技术有效识别电子数据是否被篡改，二是存储过程中保证原始数据同一性。在满足这两点的前提下，该电子数据认定的技术障碍不复存在，事实认定得以顺利开展。对此，一方面，区块链采用链式存储结构，这种结构将一定的信息存储在一个区块里，并以密码学算法将区块按照时间先后顺序链接成无线延长的链条。其中后一个区块包含前面所有区块的特征信息。若想对其中一个区块进行修改，就需要修改所有该区块的后序区块，[1] 故而区块链具有难以篡改、删除的特点，能够有效保证数据的真实性。另一方面，通过对截图、源代码、调用信息打包压缩文件等进行哈希值计算并上传至区块链，加上存储过程中的可信时间戳服务、签名验签、共识机制等技术加成，能够有效保证数据电文存储的完整性、同一性。据此，区块链的技术优势在很大程度上能够化解电子数据真实性、同一性难以保障的问题，提高电子数据的证据可信度。

（二）降低数据附属性，提升存证效率

刑事程序中电子数据的收集需要侦查人员依照法定程序扣押电子数据之实物载体，目的在于防止数据被污染和方便取证。因此，实践中常常出现以扣押犯罪人的手机和电脑实现固定电子数据之目的的取证活动。在马某某等故意杀人一案中，公安机关扣押犯罪人手机三部，以调取犯罪人之间的联系情况证明合谋事实。[2] 此案中手机并非犯罪工具，被扣押仅仅因为其是特定数据的存储介质，而手机作为独立物品之财产价值却遭受忽略，[3] 因刑事程序历时较长，且作为数据载体之物品还有被错误没收的风险，当事人的基本财产权利可能受损。随着电子产品的

---

[1] 参见可信区块链推进计划：《区块链司法存证应用白皮书》（1.0版），2019年5月发布，访问地址：http://www.trustedblockchain.cn/schedule/detail/2992，访问时间：2021年1月10日。
[2] 北京市第三中级人民法院（2015）三中刑初第00842号一审刑事判决书。
[3] 参见裴炜：《论刑事电子取证中的载体扣押》，《法商研究》2020年第4期，第125～126页。

推陈出新和不断推广,其承载个人信息数据的功能只会被无限放大,甚至家中的智能机器人都有可能成为案件数据的关键载体。若只能通过牺牲数据载体的财产功能和流通价值来获取电子数据,网络信息化深入的未来将面临重重困难。民事诉讼中电子数据虽然可以由当事人自己取证存证,但因真实性、完整性难获保障很难被法院认可,也只好求助于公证或鉴定。

而区块链存证可以在自信任的环境下实现电子数据的自动抓取、快速对接、同步转移,不需要进行人工操作,也无须进行电子数据取证前后之间的同一校验。以当事人委托第三方平台为例,当事人只需要进行注册系统账户、完成身份认证,提交取证网址的操作即可,其他就留待系统自动操作——自动访问网页,抓取信息,实时记录固定,生成哈希值上链,发给当事人取证证书等(如图2-1所示)。通过这个取证证书,用户可以实现随时在线校验,也可以据此申请公证或鉴定。对于民事诉讼中常见的微信聊天记录,当事人只需要在应用商城下载第三方公司App就可以进行录屏取证。

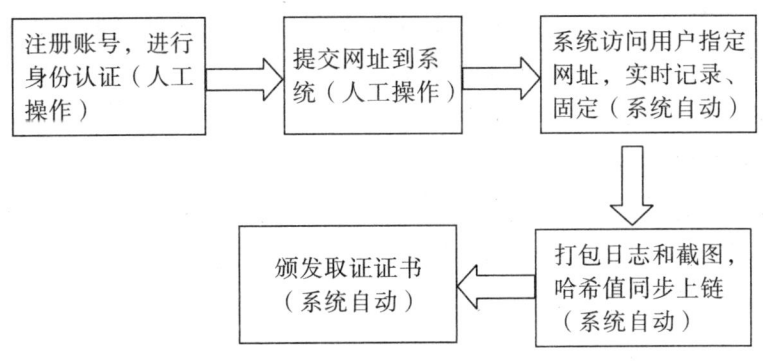

图2-1 区块链存证的基本流程

一方面,区块链技术的运用降低数据的载体依附性,使其可以脱离载体直接运用于司法活动中,避免不必要的扣押活动和当事人取证难的问题;另一方面,区块链技术在用户透明可信的环境下进行数据收集,其过程是模拟用户打开浏览器,固定证据,实际上用户是不能加以干预,更不可能对数据进行任何修改的。这种由系统自行取证存证的模式,不仅有效防止过程中人为操作,还有力保障了电子数据的真实性、完整性。相关技术运用还大大节约了取证的时间成本和物力成本,将公证、鉴定所需的几个月减少到短短几分钟,将一摞摞卷宗减缩为一个哈希值和一份取证证书,提升了司法效率。

(三) 数据自证,便利认证

一般来说,司法人员在审查电子数据时都有一定的专业障碍,对电子数据是否是原始文件、是否被篡改等很难直接进行判断。而区块链技术却能实现一定程度的电子数据自证,减轻证据认定的技术负担,表现为区块链技术中的过程自证与结果自证。过程自证体现在区块链中每一个区块的上链都会形成对前一区块的验证和背书,区块高度和交易数量的增加会不断重复前一操作,以技术手段保障数据取证存证过程的真实性、完整性。结果自证体现在,诉讼发生时当事人申请在互联网法院电子诉讼平台进行网上立案,同时提交第三方平台出具的取证存证文书及包含区块链存证编号的相关文件,法院通过自建的区块链平台对数据进行自动验证,验证结果会直接显示该数据是否经过篡改等,全过程无须专业人员进行操作。而过程自证与结果自证一样,都具有无限重复性。

数据自证简化了证据认证的程序,利于消除证据争议,加快事实认定进程。一些国家在立法层面支持这种以计算机技术检验证据的行为,如《美国联邦证据规则》第 902 条规定 "下列证据能够自我验真,其无须为被采纳而提供关于验真的外部证据",该条 (14) 规定 "从电子设备、存储文件或者文件复印的认证数据",前提是该数据经过 "数字识别过程认证"。① 美国亚利桑那州议会也曾在 2017 年通过法案确认基于

---

① 第 902 条 (14) 原文为:(14) Certified Data Copied from an Electronic Device, Storage Medium, or File. Data copied from an electronic device, storage medium, or file, if authenticated by a process of digital identification, as shown by a certification of a qualified person that complies with the certification requirements of Rule 902 (11) or (12). The proponent also must meet the notice requirements of Rule 902 (11). 参见康奈尔大学法学院官方网站,访问地址:http://www.law.cornell.edu/rules/fre,访问时间:2020 年 9 月 29 日。

区块链或智能合约构建的合同条款的效率及可执行力。① 这均是基于算法信赖而予以相关证据法律认可。我国《互联网法院审理规定》第 11 条也进行了类似规定，该条以数据真实性为证据效力的审核标准。根据第 11 条文义，通过区块链技术取证存证的电子数据（以下简称"区块链证据"），只要满足第 11 条规定之六项审查内容，能够证明其真实性的，互联网法院就应当确认。然而，审判实务中对此还保持谨慎态度，如下文将述的全国区块链首案中仍采用"区块链＋鉴定"的模式审查案涉电子数据，应当说，这是区块链技术刚进入司法领域，发展尚不完善所导致的。随着司法接受度提升和技术进步，数据自证将更具独立性，便于证据举证和认证。

二、区块链技术证据运用的司法实践

（一）个案分析：两个全国"首例"案件

1. 全国首例区块链存证案件②

2018 年 6 月，杭州互联网法院宣判了全国首例区块链存证案件，此案是一个典型的著作权侵权案件，即原告发现被告未经授权就在网上转载了自己作品，侵犯了其信息网络传播权，故而起诉到法院。此案中原告以区块链取证的方式证明侵权事实的存在，将侵权网页的 URL 通过 API 接口传输至保全网，申请固定侵权网页。保全网在进行取证操作后，将截图、网页源码打包并计算出 SHA256 哈希值，同步上传至 FACTOM 区块链和比特币区块链中。原告同时还委托浙江千麦司法鉴定中心进行鉴定，以证明保全后的文件未经修改。案件审理过程中，被告对平台资质、取证技术、取证完整性提出了质疑。对于前者，法院以"股东和经营范围相对独立"、通过"完整性鉴别检测"为由认定存证平台的客观中立性。对于后两者，法院以技术原理详细说明的方式予以回

---

① Story from Policy & Regulation Unanimous Vote Advances Blockchain Bill in Arizona Legislature，访问地址：https://www.coindesk.com/unanimous-vote-blockchain-bill-arizona，访问时间：2020 年 9 月 29 日。
② 参见杭州互联网法院（2018）浙 0192 民初 81 号一审民事判决书。

应，肯定了原告提交的区块链证据的真实性、关联性和合法性，据此认定侵权事实的存在。

本案的意义不仅在于其"全国首例"的头衔，更在于其为区块链存证的技术细节和司法认定尺度提供了科学参考。通过详细说理确定了对区块链存证固定的数据，既不因其"本身属于新兴复杂技术手段而排斥或提高其认定标准"，也不因"具有难以篡改、删除的特点而降低认定标准"。① 而且，此案进一步加快了《互联网法院审理规定》的出台和实施。其引发的广泛关注和群众期待，成为区块链与司法深度融合的不懈动力。还需注意到，此案虽然肯定区块链证据的效力，但同时仍有司法鉴定的"背书"。

2. 全国首例区块链存证刑事案件②

2019年11月，在全国首例区块链存证案件宣判近一年半后，浙江省绍兴市上虞区人民法院借助区块链加密技术，对一起区块链存证的刑事案件进行宣判。此案是一个诈骗案件，被追诉人以"借款"方式骗取财物176起，其中利用微信和支付宝收取的骗款分别125起和50起，且单笔金额不超过250元。按照传统的证据运用方式，侦查机关应当先扣押被告人的手机，提取账户信息和交易记录，刻成光盘并通常以截图的方式予以出示，有时还会提交电子数据检验报告，或当庭展示扣押手机里微信、支付宝App中的交易记录。但此案中单笔犯罪数额小、被告人众多且分散于全国各地，为使存证更为安全便捷，上虞区司法机关联合蚂蚁区块链团队，对诈骗交易记录进行加密保存，得到了侦、诉、审三方的一致认可，被告人亦无异议，最终成功定罪。

相比于民商事诉讼，刑事诉讼更加保守、传统。此案将区块链这一新兴技术运用于刑事证据的收集和存储中，为证据运用注入了新鲜活力，具有开创意义。但与话语层面的普遍认可不一致的是，笔者在"北大法宝"数据库中检索区块链存证相关案件时，却再没有发现第二例刑事案例。这一方面是因为刑事诉讼价值具有多元化，案件审理不仅追求

---

① 搜狐网：《全国首例区块链存证判决诞生！电子取证助力司法公正》，访问地址：https://www.sohu.com/a/243242325_468622，访问时间：2020年3月1日。

② 参见浙江省上虞区人民法院（2019）浙0604刑初486号一审刑事判决书。

真实发现或司法效率,还要保证程序公正和被告人权利,使得刑事诉讼在面临新兴技术时具有慎重的传统。《互联网法院审理规定》虽确认了区块链证据效力,但根据解释,其相关条款仅限于互联网法院审理的部分案件,在其他普通法院中尚无相应法律依据。另一方面,区块链证据本身还存在许多值得商榷之处,在其发展初期,不宜过分扩大适用范围。

(二)整体观之:司法实践的基本情况

自2018年6月1日至2020年10月1日,全国出现"区块链"关键词的一审案件共计381件,其中民事案件284件(含涉知识产权案件113件),刑事案件97件。进一步阅读案例发现,381件案件中涉及区块链取证、存证的案例共101件(民事案件100件,刑事案件1件)。下面对这101件案件的基本情况、存证平台、质证及采信情况等作一简要分析。

其一,案件基本情况。这100件民事案件中,侵犯作品信息网络传播权案件数量最多,占比62%。民事争议事项均与互联网有关。如电商平台、微信公众号、企业官网、支付宝等。区块链取证的对象集中于电子合同及附件、侵权文章及图片、操作记录、交易记录等,证据固定的常见方式有截图、录屏等。与推测不同,样本案件中的审理法院多为普通法院,而非互联网法院或知识产权法院,案件量最多的为北京市城区基层人民法院。

其二,区块链存取证平台概况。当事人一般选择委托一个存证平台进行证据收集,但也有同时委托两个存证平台的案件(占比6%)。使用频率前三的平台分别为IP360(司法联盟链)、保全网、百度区块链(如图2-2所示)。其中IP360是真相科技(北京)主导构建的司法联盟链(legalXchain)的分布式应用,保全网属于浙江数秦科技有限公司。这三个平台均非官方筹建,但其链上节点数据均互通了互联网法院、公证机构、司法鉴定机构等。

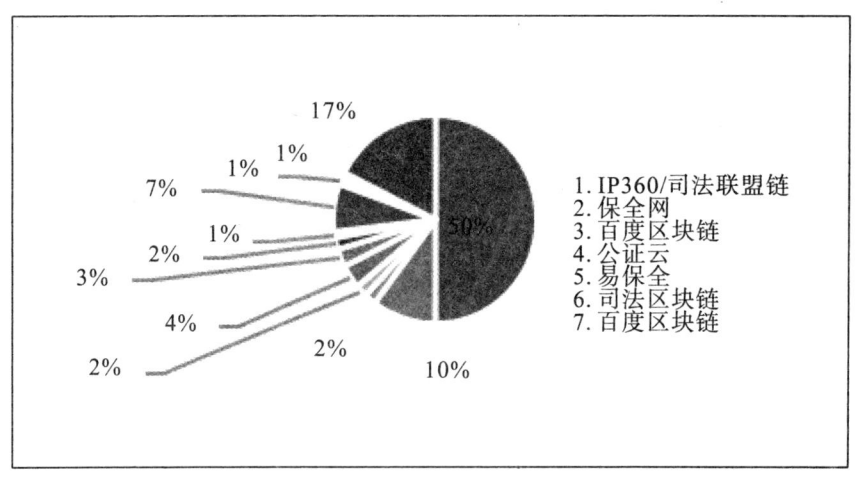

图 2—2 存证平台使用情况

其三，案件质证情况。对区块链证据发表质证意见的案件占比32%，与全国首例区块链存证案件一样，质证意见集中于证据的真实性，分别从以下主体资质、技术条件、网络环境三个角度提出：（1）主体资质。如不认可用以证明涉案部分证据进行电子取证的 IP360 取证数据、录频、该公司主体资质情况等证据，认为系非权威机构出具，或认为存证使用的平台不符合电子数据认证服务平台的资质。① （2）网络环境。如认为取证视频无法确认其网络环境是否真实。② （3）存证技术。如认为涉案录屏文件进行时间戳形式的保全，本质上是一种固证存证技术，所采集的电子数据的真实性很可能在被抓取之前就已经受到破坏，导致存证下来的证据包天然不具有可信力。③ 在无可信第三方监督的单方取证、存证活动中，唯有明确取证活动无技术篡改之可能，方能认可其固化内容的真实性。此外，还有当事人认为"整个取证的操作过程未经公证，无法保证取证过程及取证结果的客观中立"④。虽对区块链证据进行质证的比例不算太低，但样本案件中证据采信率几乎 100%，仅

---

① 杭州铁路运输法院（2019）浙 8601 民初 1079 号一审民事判决书。
② 广州互联网法院（2019）粤 0192 民初 1023 号一审民事判决书。
③ 北京互联网法院（2019）京 0491 民初 1212 号一审民事判决书。
④ 北京市东城区人民法院（2018）京 0101 民初 6090 号一审民事判决书。

有一例未采信。该例案件是利用可信时间戳技术固定取证录像,但验证过程中关键内容存在重大缺失,故法院未采信。①

其四,公证情况。针对区块链取证存证的同一对象,同时进行公证或鉴定的案件为 18 件,占比 18%,相较于传统电子数据的公证或鉴定率大大下降。

三、区块链背景下电子数据运用的反思

从上文分析可以看出,"区块链+电子数据"的话语体系和实践操作存在较大落差。政策层面,近年来国家出台了多个司法解释文件,大刀阔斧探索推进包括区块链在内的现代信息技术在司法中的深度应用,打造智慧数据平台。② 三大互联网法院纷纷自建区块链,各地试点法院也建立电子证据平台。在学理研究中,学者也一致认为区块链为电子数据运用提供了极好的技术,对电子数据的真实性、同一性验证提供了绝佳手段。但从实践数据来看,当前将区块链运用于证据中的案件仍是少数。为探究竟,下文从区块链技术本身困境以及区块链对于证据理论的冲击两方面进行反思,为今后区块链技术与电子数据应用的深度融合提供完善思路。

(一)区块链技术运用的算法困境

1. 算法固有缺陷——算法黑箱及算法歧视

区块链技术的本质是代码,区块链的技术代码可用于确保电子数据存证符合证据保全的法律要求,③ 算法是支撑区块链技术运行的背后深层逻辑,也是区块链技术进行运作的基础。但是算法有其固有弊端——算法黑箱。算法黑箱指算法不公开、不透明。④ 个案应用中,当事人登

---

① 北京互联网法院(2019)京 0491 民初 1212 号一审民事判决书。
② 最高人民法院《关于深化司法责任制综合配套改革的实施意见》(法发〔2020〕26 号)、《关于进一步深化司法公开的意见》(法发〔2018〕20 号)。
③ 刘品新:《论区块链存证的制度价值》,《档案学通讯》2020 年第 1 期,第 27 页。
④ 徐凤:《人工智能算法黑箱的法律规制——以智能投顾为例展开》,《东方法学》2019 年第 6 期,第 78 页。

录 App 或者网页即可开启自动取证;直至输出存证证书,当事人都无法得知区块链技术的运算逻辑,无法明白其规则和决定过程,无法提出意见,也不能参与决定的过程,只能接受最终的结果,① 由此导致了其对区块链证据的合法性与正当性质疑。② 案件审理中一些存证平台会附"技术原理说明",但其中夹杂许多专业词汇,如 puppeteer、SHA256 值等,对于法官、当事人来说是很难理解的。而且,由于算法的复杂性、商业价值性及技术水平的局限性,算法透明在很长一段时间内都将面临障碍。

区块链技术下算法运用是基础,也是问题的根源。"算法本身就带有一定的价值判断基础,其价值取向会受算法设计者与特定偏向性数据的影响。"③ 其根源在于区块链技术背后虽然有共识算法作为支撑,但是共识算法制定者有多少人无从得知,那么便存在潜在风险,区块链司法业务的算法制定者可能会将自己的偏见加入算法之中,导致算法歧视现象出现。同时,算法的本质是将一切数据化,一切算法化,区块链对于数据进行相关性分析摆脱了传统因果性分析,其结果便是将一些离散因素不再考虑到结果之内,亦有可能导致算法歧视现象。

算法的不透明、不接受质疑,甚至存在歧视,使得基于算法的区块链技术在证据领域的使用面临重重质疑。

2. 技术特性与真实性保障

区块链技术在电子证据存证、示证、认证方面发挥了巨大作用,但其所谓的不可篡改,仅仅是理论上的不可篡改,而不能排除篡改的可能性。区块链技术运用于数字货币第一天便存在 51% 攻击力问题,即一个攻击者控制了全网 50% 以上的算力,那么他将能够修改他自己的交

---

① 参见徐凤:《人工智能算法黑箱的法律规制——以智能投顾为例展开》,《东方法学》2019 年第 6 期,第 80 页。

② 有实务人员指出对区块链技术本身的质疑有"技术的可靠性质疑,包括技术原理、算法,以及司法运用有效性、证据自动匹配验证机制的科学性……""尚无判决对区块链技术哈希算法生成信息摘要的效力和后台验证原理进行阐释"。参见王红霞等:《机遇、挑战与规范——论区块链证据的司法审查规则构建》,《贵阳学院学报(社会科学版)》2020 年第 3 期,第 53 页。

③ 周慕涵:《证明力评判方式新论——基于算法的视角》,《法律科学(西北政法大学学报)》2020 年第 1 期,第 52 页。

易记录，可令自己进行双重支付，可阻止区块确认某些或者全部的交易，还可阻止某些或全部矿工开采到任何有效区块。① 与此同理，将区块链技术运用于电子数据时亦存在此种技术偏差，当一方当事人在利益驱动下拥有了全网51%的算力，那么其便可自由修改相关电子数据，区块链运用于电子数据的技术优势将荡然无存。而且，这个过程很有可能演变为一种仅仅是算力运用的游戏。拥有51%算力虽然困难，但是区块链技术背景下比特币受到攻击的实例仍有发生。② 这或许可为区块链技术背景下电子数据的运用带来一些反向思考。

不仅如此，如今商业区块链为了争取市场份额，纷纷与法院司法区块链进行跨链对接。如2019年5月杭州互联网法院与苏州中院、合肥中院、蚂蚁金服区块链科技公司签署《长三角司法区块链合作意向书》，打通司法链与商业链的壁垒，实现跨链对接，使得电子数据的存证、取证更加方便快捷，也使得法官认证更加准确。但是跨链共享哈希算法，会让恶意攻击者更容易租用哈希能力，以获得比网络最诚实的参与者更多的处理能力，从而控制交易登记，修改相关电子数据记录，引发区块链技术运用的集体危机。

《互联网法院审理规定》第11条规定，对电子数据的真实性审查从软硬件环境、存储保管的方式和手段、提取和固定方式、特定形式下的验证等六项内容着手，但在区块链技术运用下，这实质上均可视为对存证平台、存证行为的审查，而非电子数据本身，显露出一种"技术中心主义"倾

---

① 正如有学者指出的，"拥有充分知识和资金的主体完全有可能篡改区块链以阻止新交易的验证或逆转先行确认的交易"。参见施鹏鹏、叶蓓：《区块链技术的证据法价值》，《检察日报》2019年4月17日，第3版。
② 2016年4月，Genesis DAO创建了一个社区，投资者可以对项目进行投票，获得20%以上支持的项目将得到资助。DAO在以太坊上筹集了2.5亿美元。到了6月，黑客发现一个允许在同一代币多次提现的漏洞，其速度高于智能合约代码更新的速度。几个小时内，DAO中30%的ETH就被转走了。失窃事件公开后，Genesis DAO实施了一个硬分叉，创建了一条新链。但这次分叉遭到以太坊社区部分成员的抵制，他们认为篡改时间戳会损害其他ETH持有者的价值。然后以太坊社区开始投票，89%的人同意接受新块。反对者从社区分离出来，坚持认为最初的链是"以太坊经典"。

向。① 而因上述算法的非透明性和复杂性，这些审查标准很难实质化。这时，一旦算法本身无法保证，存证平台就面临"崩盘"危险。

(二) 区块链背景下电子数据运用的法律问题

1. 第三方存证平台与证据的真实性存有争议

民事案件中，当事人一般委托第三方存证平台来保存电子数据。第三方存证公司首先需要计算该电子数据的哈希值并且写入存证链中，生成存证编号。当发生纠纷需要举证时，当事人可上传原始数据和存证编号，确保数据未经篡改。刑事案件中，司法机关常常因技术限制需要借助社会第三方力量进行区块链取证。如此运行逻辑中，第三方存证平台承担收集、固定原始数据的重要工作，其是否足以中立、客观和可信将直接影响电子数据的真实性。因此，如何认定第三方存证平台的资质是"区块链+电子数据"必须要回答的问题。

根据 2019 年《区块链信息服务管理规定》，境内从事区块链信息服务的机构都需进行机构备案审核，截至 2020 年 4 月，国家网信办共备案 730 个境内区块链信息服务名称及备案编号，但这只是对信息服务主体的登记，不包含技术认定或许可，因此对于甄别平台的技术能力和中立地位无直接作用。特别是目前国内区块链技术平台发展粗放，缺乏相应的平台准入技术标准，平台资质参差不齐，个案中诉讼当事人常常对平台资质存有争议，主要包括中立性和技术性两方面。

在中立性方面，法院一般审查存证平台所属公司与当事人在人员构成或者经营范围方面是否独立。在技术性方面，对存证平台暂时没有如司法鉴定机构一般的，由司法部统一审核、颁发的司法鉴定许可证的模式，只能参照适用行政机关的行政许可，或是由公司经营范围予以认定。如实务中有法院以存证机构"通过国家网络与信息安全产品质量监督检验中心完整性鉴别检测"为由认定第三方电子存证资质，也有法院以"其经营范围包括电子数据及信息传输、服务以及电子数据存储、服

---

① 参见段莉琼、吴博雅：《区块链证据的真实性认定困境与规则重构》，《法律适用》2020 年第 19 期，第 156 页。

务等"为由认定其存证资质,并且还认为"存证平台是否获得电子认证许可证书,属于行政管理法规调整的范畴,不能直接以此否定存证平台的资质以及存证平台存证的合法性、真实性"①。平台资质认定条件不一的现状有损取证活动规范性,不利于证据认定。

2. 技术成本加剧举证能力的失衡

区块链技术对取证能力的影响表现在两方面,一方面,民事诉讼中当事人通过利用第三方存证平台的技术,可以提升自行取证能力及其可信度,节省时间成本;但另一方面,区块链技术本身的不透明、技术标准性不足,使得本方当事人无法对对方当事人的区块链技术提出有效的质证意见,容易导致证据一经举出即获得天然优势。而且,刑事诉讼中的区块链技术的运用对被追诉人更为不利,进一步加剧了控辩失衡局面。

不同于民事诉讼,刑事诉讼中控方承担主要证明责任,区块链技术的使用将社会第三方存证平台拉入控方阵营,进一步提升了控方取证能力,而辩方根本无法与之抗衡。缘由有二:一是"两高一部"《电子数据规定》第8条指出:收集、提取电子数据能够扣押电子数据原始存储介质的,应当扣押、封存原始存储介质。即一般情况下电子数据载体及其承载的数据均会被检方控制,辩方缺乏区块链取证的数据前提。二是通过区块链技术获取的证据常常被"推定为真",辩方提出证据反驳能力不足。我国《最高人民法院关于民事诉讼证据的若干规定》第94条规定,若电子证据由记录和保存电子数据的中立第三方平台提供或者确认的,法院可以确认其真实性,但有足以反驳的相反证据的除外。第三方存证平台收集和保存的电子数据显属此列。从域外法经验看,处于区块链立法前列的美国佛蒙特州规定了区块链证据的推定规则(并且未区分民事诉讼和刑事诉讼)。该州区块链法案规定的推定规则包括区块链证据的事实和记录的真实性推定、区块链建立事实和记录的时间推定、区块链记录人的推定和各方统一对区块链记录采用特定形式和手段的推

---

① 详见北京互联网法院2019京0491民初805号一审民事判决书。

定。① 尽管当前我国刑事诉讼领域中并未对区块链存证电子数作出具体推定规定，但是专业技术类证据在刑事诉讼程序中具有天然的证明优势，甚至被过分迷信，如鉴定意见的"权威性"。如此背景，加之前述数据前提的缺乏和准入标准的模糊，辩方很难提出有效质证意见，易导致质证形式化。

3. 数字化、代码化对证据理论造成冲击

一方面，经区块链存证的电子数据究竟属于原件还是复印件？根据《最高人民法院关于民事诉讼证据的若干规定》第22条，人民法院收集电子数据时应当要求被调查人提供原始载体，提供原始载体有困难的可以提供复制品，但应当在调查笔录中说明其来源和制作经过。刑事诉讼法及行政诉讼法中也有相关规定。② 在区块链技术未进入司法证明领域之前，审理查明电子数据是原件还是复印件，是原生证据还是派生证据，是证据调查的关键，与证据是否捏造、被篡改等直接相关。而在区块链技术支持下，原件和复印件似乎差别不大。全国首例区块链取证案件中，法院从存证平台的资质审查、侵权网页取证的技术手段可信度审查和区块链电子证据保存完整性审查三个方面对案涉电子证据进行真实性、完整性认定，这实际上已经包含了对数据原件的认定，只是这里的原件与"原始载体"不同，是以计算所得数据为衡量标准的。对区块链存证的电子数据的属性，有学者提及复式原件说、原始载体说、认证说三种学说。③ 对此，笔者认为将证据原件理论套用在区块链电子数据中略显僵化并且意义不大。传统证据原件理论旨在保障证据的真实性、完整性，而根据"哈希值不变，数据不变"的技术原理能够达到前述之审查目的，因而此种情况下应当认可该电子数据的证明力。正如学者所言，"电子数据究竟是原生证据还是派生证据便显得并不重要，因为副

---

① 参见叶蓓：《美国区块链证据规则及其启发》，中国政法大学2020年硕士学位论文，第24~26页。
② 《最高人民法院关于行政诉讼证据若干问题的规定》第12条、《最高人民法院关于适用〈中华人民共和国刑事诉讼法〉的解释》第110条。
③ 参见陈全真：《区块链存证电子数据的司法适用》，《人民司法》2019年第4期，第84页。

本与原件具有同等的可信度"[①]。

另一方面，刑事诉讼和民事诉讼中均将电子数据作为一项独立的证据类型，据以构建审查规则。随着区块链技术应用场景的不断拓展，基础数据既可以是交易记录、电子合同、侵权网页等传统电子数据，也可以是动态侵权过程等以往无法取证的内容，有力论证了"电子数据是证据之王"的论断。这可能带来的结果是，证据的主要形态从"物质的"变为"虚拟的"，而"虚拟"证据之信赖基础在于对密码学、算法等技术的信任，而非对任何人、组织或制度的信任。即使当下的算法是相对安全的，但是未来或者特殊情况下仍可能变得不安全，那时算法威胁将使区块链存证的地基遭遇崩塌之险。目前一些论述中以"不可篡改""不可伪造"定义区块链技术之特性，过于神话区块链之技术功能，是十分危险的。应当说，在技术发展和"区块链＋司法"的初期，保持必要的谨慎和理性是十分必要的，如此才有利于更好发挥区块链技术之存证辅助功能。

此外，区块链存证的"去中心化"使得所有节点都能够参与到数据的记录、存储和更新中，除交易双方的私有信息，所有记录都是公开透明、可溯源的，这样的运作模式需要格外关注个人隐私权的保护。

第三节　信息化侦查中公民个人资料自主权的保护

无论是电子数据取证程序的规范，还是区块链技术背景下的电子数据运用，都要注重保障公民隐私和个人信息安全。尤其是在"信息化侦查"时代，对公民个人资料自主权的保护问题尤为重要。因此，本节着重讨论信息化侦查中公民个人资料自主权的保护。[②]

电子信息技术高速的更新换代让信息的获取、传输、应用模式发生变革，人们任何日常活动都可以通过互联网cookies、磁卡条码、政府

[①] 施鹏鹏、叶蓓：《区块链技术的证据法价值》，《检察日报》2019年4月17日，第3版。
[②] 本节内容经改写后曾用于万毅、赵亮参加公安部"现代侦查技战法论坛"，收录于会议文集，后被《复旦大学法律评论（第二辑）》转载。

部门或公共服务机构的信息查询系统等信息存储介质予以记录,无论是公权力机关还是社会公共服务机构,甚至是私权利主体如公司企业、公民个人等都可以轻而易举地获取大量他人信息。信息化的发展彻底改变了人被认识的方式。

在我国刑事侦查实践中,重大刑事犯罪尤其是危害国家安全犯罪、恐怖主义活动犯罪、毒品犯罪等案件,近年来日渐呈现出科技化、信息化、智能化、网络化的特点,提高侦查技术水平已经成为当前公安机关面临的重要课题。正是为了提升公安机关动态管理和打击犯罪的能力,实现"科技强警",早在1998年公安部就提出了建设"金盾工程"的工作目标。到2003年9月,公安部正式组织召开了全国"金盾工程"工作会议,宣布建立全国公安综合业务通信网、全国违法犯罪信息中心、全国公安指挥调度系统工程、全国公共网络安全监控中心,利用现代化信息通信技术,全面搜集犯罪信息,进一步提升公安侦破案件水平。

犯罪侦查环节信息系统的建立,可以有效实现对公民个人信息的搜集、存储和研判,进而为侦查机关拟定侦查工作目标,高效采集证据材料,精确完成犯罪打击任务提供技术支撑。与此同时,我们也应当敏感地意识到,侦查的信息技术化固然可以丰富侦查机关的侦查手段,提升侦查机关的侦查能力,也可能对公民的个人资料自主权构成潜在威胁。因此,法治国家一方面应不断提升侦查的信息技术化水平,另一方面又需要不懈地完善刑事诉讼程序,对信息化侦查进行规范和约制,以寻求两者间的平衡。

一、侦查"信息战"与信息侦查

"信息战"的概念,最早是在1991年海湾战争后由美国军方提出来的。[①] 信息战,又称数字化战争,是指在军事领域利用信息技术,搜集敌方的军事信息,进而通过打击敌方的信息系统,断绝敌方信息来源通

---

① 李若菊、杨晓刚:《论信息战背景下的情报信息分析研判》,《吉林公安高等专科学校学报》2012年第4期,第40页。

道，或者通过信息欺骗，致使敌方作出错误的军事决策，进而影响和削弱敌方的指挥控制能力，从而取得战争胜利的军事作战手段。侦查中双方的对抗性，与军事战争之间存在一定的相似性，因而"信息战"这一军事概念逐渐被引入刑事侦查领域，进而产生了"侦查信息战""信息侦查"等近似概念。所谓信息侦查，主要是指利用信息及信息技术，依托各类信息平台，搜集侦查对象的一切相关信息，并进行专业的分析、研判，最终实现查明案件事实，查获犯罪嫌疑人的一种新型侦查方式。①

信息化侦查的核心机制和要素是各类信息平台的建立，从我国目前侦查信息化的代表之作"金盾工程"的建设情况来看，其信息系统的构建主要是通过建立两类信息平台予以实现的：一是建立侦查信息平台；二是建立社会信息平台。侦查信息平台主要是指公权力机关建立的业务信息资源平台，包括公安业务信息专业化平台、其他政法部门的信息资源平台以及其他政府机关的信息资源平台，如工商登记管理信息系统、个人缴税信息服务系统等；社会信息平台则主要是指社会公共服务机构以及基于工商行业的业务需要而建立的以客户服务为主要目的的信息资源库，是一种非公权力机关建立和操作的信息资源平台，例如，移动公司对用户通信账号使用情况的记录、民航系统对乘客乘机情况的记录、医院对病人的就诊信息记录、学校对学生的在读情况信息记录等（结构如图 2-3 所示）。侦查信息平台的工作原理是利用两类平台的综合作用，有效地将各路来源信息加以整合，从信息重叠部分寻找侦破罪案的蛛丝马迹（线索及证据）。

---

① 郝宏奎：《论侦查信息化》，《中国人民公安大学学报》2005 年第 6 期，第 120 页。

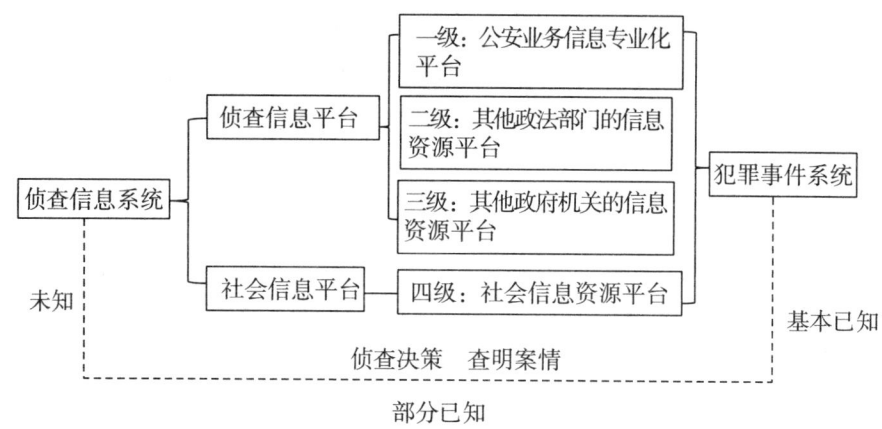

图 2-3 信息化侦查的基本结构

实务操作中,侦查机关首先依托自身的业务信息资源系统开展侦查工作,据此可以查获犯罪嫌疑人的姓名、性别、婚否、前科、联系方式等基本情况,还可以就数据库内的指纹、DNA 样本进行比对等。同时,通过公安机关的业务信息系统,还可以将类似作案手法和行为模式,案发现场采集的物证、痕迹、化学样本等与库内数据进行关联比对,发现案件线索。在此基础上,借助其他政法部门和政府机构的相关信息系统,可以发现新的案件信息、核实已查获的信息,从而使案情更加明朗。此外,社会信息资源平台的大量客观存在,为侦查提供了海量信息,亦为侦查机关查证提供了便利条件。例如,侦查机关想要了解某犯罪嫌疑人在案发前是否频繁联系同案犯,可向移动公司申请调取该犯罪嫌疑人的手机通话记录和短信记录。这种以公安业务信息专业化平台为主、社会信息资源平台为重要补充、其他信息资源平台综合导侦的侦查信息系统,有效打破了传统侦查模式下信息获取与信息传递、侦查活动与侦查协作的时空限制,大大整合各类信息资讯,将原本孤立的侦查信息汇聚在同一重合焦点,提高了侦查信息的利用率,大幅提升信息综合分析和研判的基础水平。

二、信息侦查与个人资料自主权的冲突

侦查"信息战"的基础,是对公民个人各类信息的大量采集、储存

和使用，这是否会触及并干预公民个人的基本人权？换言之，侦查机关究竟是否有权（获得法律授权）利用各类信息平台对公民的个人信息进行广泛的采集、储存和使用？这似乎是当前我国侦查学界在研究信息化侦查或曰侦查信息战时有所忽略的问题。然而，这却是我们从程序法治化层面全面研究侦查信息战时不得不正视的问题。

所谓"信息"，根据《现代汉语词典》，本意是指"音信""消息"，在信息论中则是指用符号传送的报道，报道的内容是接收符号者预先不知道的。但在法律中，所谓"个人信息"，主要是指与公民个人相关的身份资料。虽然在不同国家和地区以及不同法系下，其具体称谓有所不同，例如，欧盟法律文件中称作"个人数据"，德国称作"个人资讯"，但无一例外地都从立法上肯定了个人对于其身份资料享有自主性权利，即"个人资料自主权"，相对地，国家权力机关包括侦查机关在采集、储存和使用个人资料方面都受到一定程序的限制。

所谓"个人资料自主权"，是指公民对自己的姓名、出生日期、身份证号码、指纹、基因、犯罪前科、社会活动等能够用于识别个人形象的信息、资料有自主决定收集、存储和使用主体、方式、目的、限度的权利。从发生学的角度讲，公民个人资料自主权是隐私权的拓展和延伸。对于"个人资料"的研究，最早可以追溯到 1960 年威廉·普洛瑟（William L. Prosser）教授所发表的《隐私权》一文，但该文仅仅是从隐私权保护的角度提出"个人资料"应当视作公民的"私事"，而并未明确提出"个人资料自主权"的概念。在《隐私权》一文中，普洛瑟教授将"隐私权"从概念上分解为侵入私人领域、公开私事、给世人错误的印象以及冒用（以营利为目的擅自使用他人的姓名和肖像）四种类型。[1] 但随着社会的发展，人们逐渐发现隐私权与公民个人资料自主权之间存在明显区别：隐私权是对公民个人信息内容本身的保护，是个人私生活不被打扰的权利，是"惟我独自享有的他人不得侵犯、干扰、触及的个人生活秘密、宁静的权利"[2]，而公

---

[1] 王泽鉴：《人格权法：法释义学、比较法、案例研究》，北京大学出版社 2013 年版，第 183—184 页。

[2] 贺栩栩：《比较法上的个人数据信息自决权》，《比较法研究》2013 年第 2 期，第 62 页。

民个人资料自主权则侧重于对公民个人信息使用的保护。20世纪美国的肖像权侵权案件推动了关于保护公民个人资料的立法：以广告商业目的使用他人姓名或肖像时，必须得到本人的书面允诺，否则构成侵权。这意味着未经本人同意，不得随意使用他人的个人资料。1982年德国公民对德国《人口普查法》提出的违宪审查诉讼，进一步催生了个人资料自主权，经过德国联邦宪法法院的判决，公民个人资料自主权最终被确认为公民的一项基本宪法权利。① 后经 T-Grundrecht 案②、

---

① 德国"人口普查"案简介：1982年德国联邦政府颁布《人口普查法》，该法计划在全国范围内对公民进行全面的个人信息收集，包括人口、职业和住所等几乎全部个人数据。有人就此提起宪法诉讼，要求宣告《人口普查法》违宪。1983年，德国联邦宪法法院判决认定该法有违宪情况，并且在判决中使个人资料权利成为一项明确的宪法权利。这成为德国个人资料保护法发展的里程碑。（参见：《德国的个人资料保护法》，访问地址：http://www.china.com.cn/renkou/6thrkpc/2010-08/19/content_20745851.htm，访问时间：2014年6月1日）

② T-Grundrecht 案简介：德国北莱茵-威斯特法伦州的一项在线搜查州法，于2006年出台，2007年生效。它允许该州宪法保护单位监督嫌疑人的电子邮件以及在互联网的聊天。安全部门可以拿到嫌疑人硬盘上存储的所有信息。这项州法还规定可以进入互联网电话系统。后诉诸宪法法院，德国联邦宪法法院做出的有关在线搜查的判决公之于众。按照这项级别最高的判决，只有在嫌疑人罪行基本确凿、疑点具体而且案情重大的前提下，比如公民生命发生危险或者国家的存在受到威胁时，侦查机关才可以动用所谓的侦查软件，潜入嫌疑人的个人电脑。判决还特别强调，动用这种手段之前，必须征得法官的许可。在这个过程中，尽量不涉及有关私人生活核心部分的数据，即便收集到这类数据，也不可对它们进行分析。联邦宪法法院院长帕比耶（Papier）指出，这项判决不局限具体案例，法院首次作出裁决，肯定保证个人隐私以及使用信息技术正当性的基本权利。他说，这一判决涉及几乎每个公民，因为当今几乎人人都在使用电脑，所以，在线调查是一个中心议题。这项判决清楚地告诉德国安全部门，即便是反恐计划，也不可为所欲为。国家可以动用这样的调查手段，但在实际操作中，估计得以施展的空间将非常有限，套用《明镜周刊》的说法，有限到无法使用的地步。主张在线搜查手段的德国联邦内政部长希望政府在很短时间内取得一致，以便为此出台一项判决精神框架内可行的法律。（参见：《德国宪法法院为在线搜查设置极高门槛》，访问地址：http://www.cnbeta.com/articles/50088.htm，访问时间：2014年6月1日）

Tagebuch 日记案①等标志式判例，德国的公民个人资料自主权保护制度日趋完善。

个人资料自主权是对个人资料的保护，而所谓"个人资料"，其内涵和外延究竟为何？对此，1978年法国《数据处理、数据文件及个人自由法》、1978年挪威《资料登录法》、1981年冰岛《有关个人资料处理法》、1984年英国《数据保护法》、1987年芬兰《资料保护法》、1988年日本《有关行政机关电子计算机自动化处理个人资料保护法》、1992年比利时《个人信息处理时保护隐私法》、1999年欧盟《关于在信息高速公路上收集和传递个人数据的保护指令》、2012年12月修订的奥地利《数据保护法》等都从不同角度完善公民个人资料保护的立法，明确公民个人资料的定义，保护公民个人信息的意义、原则、方式及相应的救济措施，以实现公民在数据信息领域的基本权利和自由。其中，1995年《欧盟数据保护指令》中的《关于涉及个人数据处理的个人保护以及此类数据自由流动的指令》明确定义，个人资料指的是"与一个身份已被识别或者身份可识别的自然人（数据主体）相关的任何信息；身份可

---

① Tagebuch 日记案简介：著名的日记案（Tagebuch）的主要争议系刑事被告的日记，得否于刑事诉讼程序中作为证据之用。该案的宪法诉愿人被指控谋杀一位妇人，宪法诉愿人否认之。普通法院审理时，根据宪法诉愿人在心理医生建议下所写日记的内容，而认定宪法诉愿人的犯行。宪法诉愿人主张法院对其日记所作的认定，侵害其应受基本法第2条第1项及第1条第1项所保障的一般人格权，尤其是强调其日记属于应受到绝对保护的个人隐秘部分，无论在任何情况下均不得受到侵犯，国家公权力不得取用此部分的资料。联邦宪法法院认为被告的日记可以作为刑事追诉程序之用。其理由为：以利益衡量认定应受保护的领域，即每个人都是社会的一员，因此纵使是个人人格的核心领域实具有社会关联。故在判断某一事件是否属于绝对不受侵犯的部分，或是属于在特定条件之下仍受国家限制的部分，并非取决于该事件是否具有社会关联性，而是依事件性质来判断，此标准不容抽象描述，因此必须考虑个案特殊情况后才能作出合理的判断。在形式上，应注意的是当事人是否有意就内容保密，以及该事件是否具有高度人格的特质。宪法诉愿人将其思想以书面写下，已使其脱离其可控制的内部领域，从而暴露于国家行为的危险中。即此类记载可否被利用，主要取决于内容的性质及特性；假若记载了犯罪计划或已犯罪的记录，则该记录便不再属于绝对不受侵犯的人格权保护范围内。在内容方面，正因为诉愿人的日记内容与其被指述行为有着密切的关联，此已经提供足够充分的理由，不将此记载列入绝对不受侵犯的私人生活形成范围，以回避公权力的介入。凡具有如本案之日记内容，而且在侦查的必要范围之内，其内容有助于阐明重大刑案的发生原因、事件背景者，为求公平审判的必要，特别是基于基本法第1条第1项所导引出实质罪责原则，此种对于日记的解读，即可不认为是对于个人人格尊严的侵害。（参见王泽鉴：《人格权的具体化及其保护范围——隐私权篇（上）》，《比较法研究》2009年第1期，第19页）

识别的人是指其身份可以直接或者间接特别是通过身份证件号码或者一个或多个与其身体、生理、精神、经济、文化或社会身份有关的特殊因素来确定的人"①。2002年《德国联邦数据保护法》则以《欧盟个人数据保护指令》为指导,对该定义进行了高度概括,将个人资料定义为:关于个人或已识别、能识别的个人(数据主体)的客观情况的信息②。由此可见,"个人资料"概念中最核心的关键词是"可识别",即借助这些资料信息,我们可以直接或者间接地确认他人的身份。反过来讲,凡是可用于识别、确认他人身份的个人资料,都将成为个人资料自主权保护的对象和范围。

从广义上讲,未经法律授权或公民本人同意,对公民个人资料的采集、储存和使用,都将构成对公民个人资料自主权的侵犯,即使是以侦查和打击犯罪为名,亦莫能外。从我国侦查信息系统的四类信息平台建设情况来看,依托现有的技术条件,侦查机关完全可以实现对公民日常活动的几乎所有信息的采集、存储,并在后期侦查活动中使用这些信息。这其中的任何一个环节(采集、储存、使用),均隐藏着侵犯公民个人资料自主权的可能和风险。

侦查信息平台可能干预公民个人资料自主权的情况统计分析如表2-1所示:

表2-1 侦查信息平台可能干预公民个人资料自主权的情况统计分析

信息平台	收集、存储、使用的个人信息内容
公安业务信息专业化平台	自然人之姓名、出生年月日、身份证号、护照号码、民族、文化程度、户籍信息、身高、体重、血型、指纹、DNA、犯罪前科、联络方式、联系地址、通缉信息等涉及户籍制度、犯罪追查的相关信息
其他政法部门的信息资源平台	公民政治面貌、当事人个案投诉检举信息、当事人案件处理进度及情况等相关政法信息

---

① 陈飞等译:《个人数据保护:欧盟指令及成员国法律、经合组织指导方针》,法律出版社2006年版,第25页。
② 冉德勇译:《德国联邦数据保护法》,访问地址:http://blog.sina.com.cn/s/blog_4fea09c60100x4vf.html,访问时间:2020年5月26日。

续表2-1

信息平台	收集、存储、使用的个人信息内容
其他政府机构的信息资源平台	工商登记、卫生登记、职业资格等行政审批、行政许可登记信息以及缴税信息、社保信息等社会公共管理信息
社会信息资源平台	移动公司的通话记录、医院的就诊记录、商场的消费记录、银行的资产状况、公共交通工具出行记录等涉及日常活动的信息

由此，笔者将对两个行为是否侵权具体进行阐释。

第一，采集、储存公民个人信息是否侵权。

此处的"采集、储存"应当理解为向以上四种信息平台具有管理、控制权的有关机关和单位记录公民个人信息的行为。同时，按照侦查信息平台和社会信息资源平台的设立标准，从一般公民和有犯罪前科的公民分别予以讨论：

针对侦查信息平台（公安业务信息专业化平台、其他政法部门的信息资源平台、其他政府机构的信息资源平台），对于一般公民而言，公权力机关有权采集、储存公民个人信息。其原因在于，公权力的实施是为了保护社会公共利益，保障社会主义事业的顺利进行。由此，按照价值位阶，公民的"自由"应当让位于社会整体的"秩序"，公权力机关为管理社会公共事业而采集的公民个人信息应当被允许。对于有犯罪前科的公民，除了采集、储存针对一般公民的信息外，公权力机关通常还要采集更多的信息，如DNA样本、指纹、犯罪前科记录等。那么这种采集、储存是否侵犯公民个人资料自主权？笔者认为，有犯罪前科的公民通过实施的具有社会危害性的犯罪行为，在一定程度上已经放弃了自己对这部分信息应当享有的权利。相比于一般社会公众，其人身危险性决定国家应当对其采取更为严格的监管措施以避免再犯，因而从这个意义而言，这种采集不存在任何侵权的可能。除此之外，公权力机关超过社会公共管理的需要而收集、储存公民个人信息的行为，无论出于什么原因，均应当认定为侵权。

针对社会信息资源平台，社会单位对公民个人信息的采集和存储基于双方存在的服务合同，是双方意思一致的表现。公民接受社会单位提供服务，就意味着其默许对方对相关信息的收集和存储。此外，侦查机关对于此类信息并不存在直接管理的情况，因此也无须讨论侵权之可能。

第二，使用（分析、研判）公民个人信息是否侵权。

"信息战"借助网络和通信技术，对传统侦查手段中的摸底排队、并案侦查、通缉通报、控制赃物、刑嫌调控、深挖犯罪、辨认等侦查手段进行了一系列的创新和发展。[①] 这里的使用，即对采集、存储的信息进行分析、研判，对同类案件进行数据比对，以刻画犯罪嫌疑人的行为轨迹，最终达到查明案情、查获犯罪嫌疑人、实施精确打击的目标。其具体包括：网上摸底排查（利用信息系统中的资料，搜索案件的犯罪信息和犯罪嫌疑人）、网上并案侦查、网上控赃、网上深挖犯罪、网上辨认、网上控嫌、网上通缉通报。利用社会信息资源平台开展调查时，也可能会出现侦查机关为了提高破案率肆意扩大侦查范围，或者为了某些诉求和利益，滥用权力获取、使用公民个人信息，侵犯公民个人资料自主权的情况。

由此，笔者认为：在刑事侦查领域，对公民个人资料自主权的侵犯主要是指非法使用公民个人信息的行为。

三、侦查信息战的程序控制——以保障"个人资料自主权"为中心

我国现行立法并未明确提出"个人资料自主权"的概念，但是宪法第 40 条[②]对通信自由和通信秘密的保护，可视为对公民通信信息的保护。根据"举轻以明重"的基本法理，公民个人资料与通信信息具有相同或相似属性，也应当依法保护公民存储、使用该资料的自由，除因国家安全或追查犯罪的需要，依照必要的法律程序，任何组织和个人不得以任何理由予以侵犯。

---

① 张永利、吴婧：《"信息战"与"传统侦查手段"相结合侦查方式之探讨》，《广西警官高等专科院校学报》2010 年第 6 期，第 26 页。

② 《中华人民共和国宪法》第 40 条：中华人民共和国公民的通信自由和通信秘密受法律的保护。除因国家安全或者追查刑事犯罪的需要，由公安机关或者检察机关依照法律规定的程序对通信进行检查外，任何组织或者个人不得以任何理由侵犯公民的通信自由和通信秘密。

《全国人民代表大会常务委员会关于加强网络信息保护的决定》明确规定,国家应当保障公民个人信息不受侵犯。2021年11月1日起施行的《中华人民共和国个人信息保护法》第69条第1款规定:"处理个人信息侵害个人信息权益造成损害,个人信息处理者不能证明自己没有过错的,应当承担损害赔偿等侵权责任。"第73条明确个人信息处理者指"在个人信息处理活动中自主决定处理目的、处理方式的组织、个人"。

笔者看来,侦查机关作为国家权力机关,应当建立健全公民个人资料保护体系,完善相关规章制度,强化内部制约与外部监督机制,明确侵权责任和归责原则,切实保障公民个人信息自主权。尤其在当前信息技术条件下,公权力机关有绝对获取公民个人资料的优势,保障公民个人资料自主权迫在眉睫。

(一)刑事侦查中采集、存储和使用公民个人资料的基本原则

1. 合目的性原则

合目的性原则主要是指侦查机关对于信息的采集、存储、分析和研判应当符合侦查目的,不得移作他用。在我国侦查人员整体素质有待提高,侦查制度有待完善,信息获取、利用规章亟待制定的情况下,不排除部分侦查人员在利益、政治诉求等诱惑面前违背职业操守,从事不当的信息处理行为。换言之,合目的性原则的本质就是要求侦查机关必须以查明案件事实、锁定犯罪嫌疑人、发现案件侦查线索为目的,明确限定侦查机关处理、利用信息的主观动机,进而有效避免公民个人资料被公权力机关滥用,避免公民个人资料自主权受到侵犯。该原则也应当被视为信息战下对公民个人资料保护最重要的原则。

2. 合法性原则

侦查信息的综合判断是为了查明案件事实,其绝大部分会进入刑事诉讼程序,最终经过法庭调查,查证属实后作为定案证据材料。首先,根据证据的客观性、关联性和合法性要求,凡能够为侦查机关指明侦查方向、发现案件事实的侦查信息,其内容本身就满足客观性的必然要求;其次,根据合目的性原则,公民个人资料是侦查机关在以查明案件

事实为目的的情况下采集、存储、分析和研判的信息,其内容对刑事诉讼中的待证事实具有证明价值,必然同案件事实本身相关联。由此,我们就必须进一步明确公民个人资料的获取、传输和利用必须符合合法性的要求,具体包括:

(1) 主体的合法性。

即在刑事侦查领域采集、存储、分析和研判公民个人资料的主体必须是具有刑事侦查权的国家机关以及依职权获取公民个人资料的政府机构,如公安机关、检察院的侦查部门、工商局、税务局等。同时,侦查信息系统的建立还包括不可替代的社会信息系统,因此,由具有刑事侦查权的国家机关授权的社会机构也是适格主体,如电信营业厅,但其必须限定在"用于刑事侦查领域"内,原因在于这类社会机构因业务需要本身就会采集公民个人信息,所以凡需对外提供用于查获犯罪需要的信息,均需得到有关机关的授权。

(2) 方式的合法性。

该原则要求侦查机关获取信息的方式必须是现行法律制度和社会观念所容忍的,不得通过暴力、胁迫、欺骗、引诱、限制人身自由等方式强迫公民提供自己或他人信息,也不得通过饥饿、疲劳、声光刺激等精神折磨强迫获取有关信息,更不能在未经有关机关或部门批准的情况下,用木马病毒、违法窃听等非正常手段获取公民个人信息。

(3) 程序的合法性。

我国当前并未制定《公民个人资料保护法》等相关法律法规。在此,笔者认为应当将"法"予以扩大化理解,即要求侦查机关在获取公民个人信息时应当严格遵守信息采集、存储、分析和研判的有关规章制度,完备相关审批手续,严格执行信息保管与信息利用制度,确保获取和利用信息的程序合法。

3. 比例原则

比例原则源于行政法,其基本含义是行政机关实施行政行为应兼顾行政目标的实现和相对人的权益保护,如为实现行政目标可能对相对人权益造成某种不利影响时,应使这种不利影响限制在尽可能小的范围和限度，使二者处于适度的比例。① 该原则是对合目的性原则的进一步补充，合目的性原则要求侦查机关获取公民个人信息应当出于刑事侦查活动的需要，而比例原则在此基础上进一步要求侦查机关在获取公民个人信息时应当进行查获案件的价值与公民个人资料自主权的保护之间的利益权衡，选取对公民个人资料自主权侵害最小的方式。

4. 信息缩减和信息节约原则

该原则来源于德国 2002 年《联邦个人数据保护法》第 3a 条的规定，减少使用数据和数据经济，应设计和选择不收集、处理和使用或最小限度收集、处理和使用个人数据的数据处理系统。特定情形下，如可能和合理，可用假名和匿名以达到满意的保护程度。② 该原则从信息内容和信息系统本身出发，要求尽可能节约信息资源，精简信息系统内容，对于相同的信息仅收集一次，并通过信息系统之间的对接，提高信息利用率，实现信息共享的资源优化配置。这也正是要建立以公安业务信息平台为主，充分利用商业信息平台等社会信息，辅以其他政府机关信息资源的侦查信息系统的原因所在。

5. 保密原则

公民的个人信息涵盖了个人衣、食、住、行等全方位的生活状况，涉及公民个人生活隐私。从隐私权保护的角度出发，侦查机关借助侦查信息系统收集的公民个人资料应当妥善保管，禁止向任何个人或机构不当披露，所获取的与侦查活动无关信息应当及时销毁，避免信息外泄带来的安全隐患，切实保障公民的个人资料自主权。

（二）侦查信息系统的使用限度

侦查信息系统不仅涉及公民日常基本信息，还涉及部分公民曾经的犯罪记录，以及与犯罪和刑事侦查没有必然联系的其他信息，如购物信息、出行记录等。这些信息一旦被无限度地收集、储存、利用，就会侵犯公民个人资料自主权，实质上还侵犯了公民行为的自由。

---

① 姜明安主编：《行政法与行政诉讼法》，法律出版社 2006 年版，第 77 页。
② 参见《德国联邦数据保护法》，冉德勇译，访问地址：http://blog.sina.com.cn/s/blog_4fea09c60100x4vf.html，访问时间：2020 年 5 月 26 日。

从侦查学的角度出发，侦查行为分为任意性侦查和强制性侦查。二者的区分标准就是侦查机关实施的侦查行为是否是违背当事人的意志而采取的限制或剥夺当事人的人身自由权、财产权、隐私权、个人资料自主权等基本权利的侦查措施。信息侦查一定程度上是违背当事人意愿而获取、使用公民个人资料的一种侦查方式，从性质上应当认定为强制性侦查措施。以德国为例，公民个人资料自主权是公民的一项基本宪法权利。《德国刑事诉讼法》规定，数字化侦查措施只能针对特定类型犯罪，尤其是有组织犯罪和危害国家犯罪才能采用，同时，实施前必须获得法官的批准，紧急情况下必须获得检察官的批准。① 同时该法还规定，侦查机关为查明案件事实所进行的数据比对工作被视作强制性侦查措施，须经申请依法官令状而为之。为切实保障公民个人资料自主权，就必须限制侦查机关获取公民个人信息的行为限度，避免公民个人信息被不当采集和利用。

所谓的"侦查信息系统的使用限度"，就是在合目的性原则、合法性原则、比例原则、信息缩减和信息节约原则，以及保密原则的指导下，对侦查信息系统的使用从目的、方式、程序方面进行必要限制的制度性安排。

针对其他政法部门的信息资源平台、其他政府机构的信息资源平台和社会信息资源平台，其信息资源库并非由侦查机关直接管理和使用，侦查机关需要查询有关信息，实质上是对非侦查机关掌握的公民个人资料的调取和扣押，应当比照适用扣押的法律规定，经由有关负责人审批，向信息资源平台管理单位出具办案人员工作证件和审批文件，由信息资源平台管理单位根据请求查询相关信息，提供数据副本或出具证明文件，同时应当做好备案登记工作。对非经法定调取证据程序获取的公民个人资料，应当按照我国《刑事诉讼法》的规定，以取证程序不合法为由予以排除。对有违信息管理制度向侦查机关或他人提供公民个人资料，侵犯公民个人资料自主权，并对其造成损害的，应当承担赔偿责任。

---

① 万毅：《微观刑事诉讼法学——法解释学视野下的〈刑事诉讼法修正案〉》，中国检察出版社2012年版，第247页。

针对公安业务信息专业化平台而言，该平台由侦查机关自行建立、自行管理、自行使用，在侦查行为的客观要求和侦查人员职业道德的主观影响下，易造成权力制约机制不完善，可能使公民个人资料自主权受到一定程度的侵害。结合我国刑事案件多发的实际办案处境，具体有两种可行性操作模式。

第一，主管领导审批负责制。案件侦查需要进行信息资源搜索和数据比对时，案件承办人员应当将需要查询的信息内容及查询必要性进行说明，报批分管领导，分管领导可以自行或授权办案人员查询该案涉及的公民个人信息。同时，设置办案人员"一人一号"制度，并根据信息内容对公民隐私的影响程度进行级别限定，只有达到相应级别的办案人员才能查询相关信息。凡登录侦查信息平台的侦查人员必须通过自己账号完成信息查询，系统自动记录登录及查询所有操作内容，侦查人员应当在案件侦查报告或强制性侦查措施批准文书中如实记载操作时间、地点、设备、内容，以备检查。对通过信息侦查获取的证据在法庭调查阶段应当同时向法庭提交批准文书和操作笔录。分管领导对信息侦查负有监督义务，一旦出现违规操作的情况，主管领导与实际操作者同时承担责任。

第二，类比德国，在中国政府工作部门内部设立数据保护与信息自由专员制度，监督政府对公民个人资料使用情况的立法模式，在侦查机关内部建立专门的信息查询部门，凡需要查询案件有关信息时，办案人员应当将查询内容及查询必要性说明文件提交专门的信息查询部门，由该部门进行查询必要性审查，对符合查询条件的，由信息查询部门对有关信息进行查询，并及时反馈查询结果，办案人员不再具有登录侦查信息平台查询公民个人信息的权限。

此外，还应当建立和完善外部监督机制。公民、社会机构和其他政府机构对侦查机关或侦查人员违背侦查目的、采用非法手段或超过必要限度采集、存储和利用公民个人资料的行为有权进行举报、控告，有关机关应当及时处理、答复。侦查机关基于信息的误判而作出错误侦查决定，违背侦查目的，违反信息获取、储存和利用的规章制度或采用暴力、胁迫、引诱、欺骗等非法手段获取公民个人资料，以及违反有关信息保密规定泄漏公民个人资料而造成损害的，应当承担赔偿责任。

第三章　刑事司法体制改革省思与展望

前两章分别从程序和证据角度探究刑事司法改革问题，本章则聚焦于刑事司法体制改革问题。不论刑事程序还是刑事证据，都依托于特定的刑事司法体制，因此探讨刑事司法改革，就少不了刑事司法体制问题。一直以来，刑事司法体制改革都是一个棘手问题。虽然当前我们进入了刑事司法体制改革的相关配套机制完善阶段，但此前遗留的一些问题仍不容忽视。例如，司法改革的"牛鼻子"——司法责任制改革中还面临一些具体问题，检察制度改革的司法化、刑事涉案财物的认定等问题也有待探讨。此外，2020年新冠肺炎疫情的突如其来，也给紧急状态下的刑事侦讯工作提出了更高要求。这些新老问题均有待进一步思考。因此，本章分为四节，依次就司法责任制改革、检察机关办案责任司法化改革、刑事涉案财物改革和紧急状态下的侦讯工作问题展开论述。其中，前两节主要从宏观层面切入，后两节则就微观层面的"对物"（刑事涉案财物认定）、"对人"（紧急状态下侦讯）予以研究。

第一节　司法责任制改革思考

司法责任制改革是近几年司法改革的重要内容，关系到司法权运行与司法体制的重塑，具有重要意义。然而，无论是对司法责任制的含义，还是对其改革所面临的诸多约束条件，都需要加以厘清。明确司法责任制的内涵，梳理约束条件所造成的改革隐忧并加以反思，都是司法责任制改革过程中所不容忽视的部分。

在国家全面推进依法治国的大背景之下，司法改革迎来了前所未有

第三章　刑事司法体制改革省思与展望

的机遇。与前两次均由最高法启动的司法改革不同，新一轮司法改革是由中央顶层推动的。① 立基于中国现实的政治国情及运作逻辑，不难得出此次司法改革级别更高的结论。此外，本轮司法改革着眼于解决一系列深层次的司法制度性问题，如"以审判为中心"的诉讼制度改革，司法人员分类管理制度，省以下地方法院、检察院人财物统一管理，司法责任制改革等问题。众所周知，相比于技术性问题，制度性问题的解决更为棘手。眼下的司法改革，尽管还是一如往常的自上而下的推进方式，却因为推动者级别之高、所要解决问题之关键，在备受社会瞩目之余，也被寄予厚望。其中，司法责任制改革作为此次司法改革的重要内容，也作为众多深层次司法制度性问题中的一部分，扮演着至关重要的角色。可以说，如果能够借助此番司法改革契机，进行司法责任制改革，使司法机关以及司法官②能充分履行司法职责，确保司法公正的话，将有助于增强司法公信力，塑造权威的司法。有公信力、有权威的司法，是建设法治国家的重要保障。"徒法不足以自行"，司法的外在形象，并不是无源之水、无本之木，而是基于司法官的一项项具体工作。有学者指出："司法的前沿是司法官的办案活动，司法公正的基础是司法官的优良素质，但目前司法官队伍建设的整体情况却并不令人乐观。"③ 如果司法官的素质不高，那如何能有效保障司法的品质呢？因此，司法责任制改革需要审慎推进，以保障取得改革所期待的成效。所以，对司法责任制改革中潜在的问题，有必要加以梳理。

此外，司法责任制改革亦是当下中国法治建设的一部分，且是关键的一部分。从清末变法以降，中国开启了法律近代化的进程，而这一个过程更多地表现为"法律继受"。无论是晚清（清末变法时期）与民国（北洋政府、南京国民政府时期）的法律史，还是新中国政权在1978年改革开放之后的法律史，都体现出一个共同的特点，即重视立法。如果

---

① 我国第一轮司法改革始于2004年，第二轮始于2008年，都由最高法院启动；第三轮司法改革始于2013年年底，由中共十八届三中全会提出。
② "法官"与"检察官"的"统称"。
③ 龙宗智：《影响司法公正及司法公信力的现实因素及其对策》，《当代法学》2015年第3期，第7页。

说在法律付之阙如的情况下，有法可依确实是一个首要问题，那么，当法律已非稀缺品之时，使法可行就是必须认真面对与考虑的问题。正常的法治模式，立法与司法，应不可偏废其一。尤其是在社会主义法律体系基本建成的时代背景下，对司法的重视就成为法治建设的应有之义。而司法，当然有赖于具体的司法制度与司法官。因此，在探索司法责任制改革之际，进一步思考法治建设的中国实践问题，亦成为必要。

一、司法责任制的含义

"司法责任制"这一用语是近两年来的"热词"之一。以在中国知网（CNKI）中的检索为例：以"司法责任制"为"篇名"或"主题"来检索[①]，可以看出从 2014 年开始，与"司法责任制"相关的讨论陡增，而此前则几乎无人问津（2005、2007 年各仅有 1 篇文献。其中，检索到的 2005 年的文献为《人民法院报》刊发的评论员文章《切实健全完善司法责任制》，检索到的 2007 年的文献为中国法律史学年会 2007 年学术研讨会文集里的文章《中国古代司法官司法责任制述略——以清代司法责任制度为例》）的状况。虽说这样的检索略显简单，但依然可以"管中窥豹"，可以发现"司法责任制"已活跃于当下这一个改革时代的舞台。与此相关联的是，司法实践中，无论是法院还是检察院，都是在强调"司法责任制"，都在司法责任制改革的背景下讨论一系列具体改革措施。在近年来"司法责任制"用语的使用频率提高的情况下，在司法责任制改革已付诸实践时，对"司法责任制"的准确理解与阐释变得极为必要。

迄今为止，有关司法责任制的具体运作的文本依据分别是最高法于 2015 年 9 月 21 日发布的《关于完善人民法院司法责任制的若干意见》（法发〔2015〕13 号）（以下简称《完善法院司法责任制的意见》）、2017 年 4 月 12 日发布的《关于落实司法责任制 完善审判监督管理机制的意见》（法发〔2017〕11 号）、2017 年 7 月 25 日发布的《最高人民法院司法责任制实施意见》（法发〔2017〕20 号）、2018 年 12 月 4 日发

---

① 检索时间为 2021 年 4 月 6 日。

布的《关于进一步全面落实司法责任制的实施意见》（法发〔2018〕23号）、2020年7月31日发布的《关于深化司法责任制综合配套改革的实施意见》（法发〔2020〕26号）；最高检于2015年9月28日发布的《关于完善人民检察院司法责任制的若干意见》（以下简称《完善检察院司法责任制的意见》）。在现实中，我国的法院与检察院统一被视为"司法机关"（尽管严格说来真正意义上的"司法机关"只是法院）。在这样的语境下，法院系统与检察院系统的"所司职责"虽说各不相同，但都被纳入司法责任制的范畴。当我们谈论法院系统的司法责任制时，指的是审判责任，指涉的对象是法官；当我们谈论检察系统的司法责任制时，指的是检察责任，指涉的对象是检察官。那么，如今被着重强调的"司法责任制"，有没有什么特别之处呢？

从法院系统的改革来看，[①] 时至今日，最高法已推出五个"五年改革纲要"，分别是：1999年的《人民法院五年改革纲要》（法发〔1999〕28号）（以下简称"纲要一"），2005年的《人民法院第二个五年改革纲要（2004—2008）》（法发〔2005〕18号）（以下简称"纲要二"），2009年的《人民法院第三个五年改革纲要（2009—2013）》（法发〔2009〕14号）（以下简称"纲要三"），2015年的《关于全面深化人民法院改革的意见——人民法院第四个五年改革纲要（2014—2018）》（法发〔2015〕3号）（以下简称"纲要四"），2019年的《关于深化人民法院司法体制综合配套改革的意见——人民法院第五个五年改革纲要（2019—2023）》（以下简称"纲要五"）。[②] 每一个改革纲要，都有着特定的历史使命。五个改革纲要，既有不同任务与基本内容，又有一些相同的"老大难"问题。对于这些问题，之所以反复提及，最主要的原因除了问题本身的复杂，还在于这些问题的解决必须经过一定的时间，甚至会是一个缓慢

[①] 相应的，检察系统也有自己的改革：1999年2月，最高检发布《检察工作五年发展规划》（高检发〔1999〕4号）；2005年9月，最高检发布《最高人民检察院关于进一步深化检察改革的三年实施意见》（高检发〔2005〕17号）；2015年2月，最高检发布《最高人民检察院关于深化检察改革的意见（2013—2017年工作规划）》（高检发〔2015〕5号）；2018年12月27日，最高检发布《2018—2022年检察改革工作规划》。只不过，相较而言，法院系统改革的连续性、公开性与"司法属性"更明显。因此，本书在此着重以法院系统为例。

[②] 从文件标题中的"全面深化"的措辞可以看出此次人民法院改革"声势不同"。

的过程。法院是专司审判的机构,法官是具体负责审判的人员。对于法官的要求,汉密尔顿等在《联邦党人文集》一书中谈论司法权时指出:"常有明智之士论及:浩瀚之法典乃是关系自由政府优点的必然现象。为防止法庭武断,必有严格的法典与先例加以限制,以详细规定法官在各种案情中所采取的判断;由此可见,由人类天生弱点所产生的问题,种类繁多,案例浩如瀚海,必长期刻苦钻研者始能窥其堂奥。所以,社会上只有少数人具有足够的法律知识,可以成为合格的法官。"[1] 此言甚为精辟。法官之所以能成为法官,确实必须有赖于其与众不同的能力;能成为法官的个体必须足够优秀,而社会又赋予法官相应的裁判者主体地位,从而使得法官能够认真看待自身的角色,认真履行维护法律与正义的职责。如此的法官与司法,才能有公信与权威。有学者指出:"应该树立这样的观念,立法权基于民主原则,因多数人支持而获得权威;而司法权则应坚持独立原则,因客观、中立、公正而获得权威。没有独立司法的权威,我们就无法把个人的自由和权利从多数派专制的危险和混沌中拯救出来。"[2] 独立司法,除了制度设计上的保证以外,还需要合格的法官。关于法官的职责问题,历个改革纲要都有所涉及。"纲要一"指出:"2000年底前,对法官担任审判长和独任审判员的条件和责任做出明确规定";"全面贯彻执行《人民法院审判人员违法审判责任追究办法(试行)》"。[3] "纲要二"指出:"建立法官依法独立判案责任制,强化合议庭和独任法官的审判职责。院长、副院长、庭长、副庭长应当参加合议庭审理案件。逐步实现合议庭、独任法官负责制。""纲要三"指出:"完善合议庭制度,加强合议庭和主审法官的职责";"完善人民法院错案认定标准和违法审判责任追究制度";"建立健全审判人员与执行人员违法审判、违法执行的责任追究制度和领导干部失职责任追究制度"。"纲要四"指出:"健全主审法官、合议庭办案机制";

---

[1] 汉密尔顿、杰伊、麦迪逊:《联邦党人文集》,程逢如等译,商务印书馆1980年版,第395~396页。
[2] 季卫东:《论法制的权威》,《中国法学》2013年第1期,第28页。
[3] 《人民法院审判人员违法审判责任追究办法(试行)》于1998年8月26日颁布并实施,如今依然有效。其旨在"问责违法审判","审判人员"是指各级人民法院的审判员、助理审判员。

"完善主审法官、合议庭办案责任制";"健全法官履行法定职责保护机制"。"纲要五"指出:"健全以司法责任制为核心的审判权力运行体系";"健全审判权力运行机制。全面贯彻'让审理者裁判,由裁判者负责',强化独任庭、合议庭的法定审判组织地位,依法确定职责权限,确保权责一致"。显而易见,与当前所推动的司法责任制相似,"责任"一词始终是关键,但尽管都是"责任",依然有必要仔细诠释一番,以免被误读。

为了确保法官的公正司法,强调法官的审判责任似乎是无可非议的。毕竟,一方面,法官的裁判不仅仅使纸面上的法律"活起来",还关乎纠纷当事人的利益。尤其是在刑事诉讼中,法官对案件事实的认定,对法律的适用,关涉公民的自由乃至生命,"兹事体大,不可不察"。另一方面,为了避免法官因腐败、因责任心不强而失职,需要以审判责任来约束法官。从1999年最高法的"一五改革"开始,中国法官的职业化也随之拉开序幕。如今,二十余年时间过去了,在法官的职业化方面,我们已经取得了不小的进步。[①] 然而,我们虽然重视法官的责任,却在一定程度上忽视了审判权的合理与有效配置。有论者指出:"司法责任制是指基于司法的属性而产生的一种责任体系,不仅包括法官的责任担当与责任追究,还包括法官享有充分独立的司法裁判权。"[②] 司法责任制中的"责任",不是单纯的"追责",还包含赋予法官该有的独立职权。从司法责任制改革的逻辑来看,谈论法官的审判责任,应当始于法官独立行使职权的前提。应该说,随着司法改革的不断推进,随着对司法实践中所呈现的弊端的讨论与深思,我们对于保障法官独立有效行使审判权的认识亦在加深,如今所倡导的"司法责任制"不能被狭义地解读为司法问责制,而应该是为了确保权限与职责的科学界分。[③] 之所以要强调不能片面理解"司法责任制"的含义,是为了确保能回归

---

① 这方面,除了得益于2001年修正的《中华人民共和国法官法》对法官的任职条件的调整,还有2002年开始的国家统一司法考试。
② 金泽刚:《司法改革背景下的司法责任制》,《东方法学》2015年第6期,第128页。
③ 参见傅郁林:《司法责任制的重心是职责界分》,《中国法律评论》2015年第4期,第170页。

到正常的司法运作模式，也就是所谓的"审理者裁判，裁判者负责"。权力与责任是相辅相成的，只有权力而没有责任，必然容易造成权力的滥用；只有责任而没有权力的话，也是无法操作的；权力与责任的合理配置，是极为关键的。负责审理案件的法官，在享有审判权的同时，也肩负着维护公正司法的责任。其实，仔细阅读历次人民法院改革纲要不难发现，塑造合格与优秀的法官一直都是司法改革提及与关注的内容，尤其是在"纲要二"中，已经提到"建立法官依法独立判案责任制"了，只是更强调通过责任约束法官。不同于此前的强调"负责"（主要是违法审判、错案追究等旨在追责的范畴），现在的司法责任制不是单纯的追责，还强调给予法官足够的审判权。其理想状态就是：选任出来的法官，无论是职业能力还是个人品质，都足以胜任审判工作。对这样的法官来说，司法责任制并不是悬在其头上的"达摩克利斯之剑"，而是职业尊荣的要求。不可否认的是，要达到这样的理想状态，无疑需要多年的积累。但是，法治国家的历史、经验与实践属于人类共同的文明成果的积累，只要我们剔除偏见、审慎对待，就会有所助益。

如今，无论对法官还是对检察官来说，司法责任制都是要回到权责匹配的状态，这样的司法责任制才是正常且有意义的。如果司法责任制的追责倾向很强烈，而忽视了对法官、检察官相应权力的赋予的话，那么司法责任制改革就会沦为一场"文字游戏"，起不到实质性的效果，所以，我们需要厘清司法责任制的含义。

首先，与违法审判、错案追究制不同，司法责任制强调权力与责任的统一。例如，对于法院而言，《完善法院司法责任制的意见》首先对审判权力运行机制、司法人员职责和权限进行了调整，然后才是对审判责任的认定和追究。对于检察院而言，《完善检察院司法责任制的意见》在对司法组织办案组织及运行机制、检察委员会运行机制、检察人员职责和权限进行规定后，才规定司法责任的认定和追究。法官与检察官唯有在拥有相应的权力之后，才对自己的履职行为承担责任，这正是司法责任制改革所需要的逻辑脉络。

其次，司法责任制既要保障法官与检察官积极履行职权，避免责任设置的不科学而损及其工作积极性，又要避免责任的设定起不到约束司法官的作用。以20世纪90年代初出现的错案追究制为例，错案追究制主要是强调责任追究来敦促法官公正司法，应对司法腐败以及司法公信力低的难题。然而，错案认定标准是一个复杂的问题，稍有不慎，就会影响法官审判权的正常行使。实践中，错案追究的实践标准更多呈现为"程序之治"。"易言之，'程序之治'就是要求法官们按照现行有效的程序法办理案件，而对案件实体处理结果的错误则要宽容许多。"① 程序之治有着"不要求案件有唯一正确的判决；改发案件不一定错案；容许案件存在瑕疵；重程序轻实体"② 四个特点。而司法实践中之所以出现程序之治，一个原因就在于法官司法权力与责任的失衡——权小责大。"归根结底，错案追究实践中的程序之治，是中国法官司法权力与司法责任不平衡的一种现实妥协和动态平衡。"③ 在这样的平衡之下，有助于避免因为严苛的责任而损及法官的工作积极性。尽管如此，依然需要避免另一个极端的出现：责任的虚置而导致约束乃至敦促司法官认真履职的愿望落空。相比其于法官和检察官的个体责任而言，审委会与检委会作为集体，集体责任显得抽象乃至虚化，难以像个体责任那么具体而实用，毕竟，集体负责往往就容易演变为无人负责。这就容易造成实践中法官和检察官在面对风险时依赖已有机构，而不是敢于行使职权。对此，《完善法院司法责任制的意见》规定审委会"只讨论涉及国家外交、安全和社会稳定的重大复杂案件，以及重大、疑难、复杂案件的法律适用问题"，并规定了审委会委员的审判责任认定方式；《完善检察院司法责任制的意见》规定检委会主要讨论"本院办理的重大、疑难、复杂案件，涉及国家安全、外交、社会稳定的案件，下一级人民检察院提请复

---

① 王伦刚、刘思达：《从实体问责到程序之治——中国法院错案追究制运行的实证考察》，《法学家》2016年第2期，第36页。
② 王伦刚、刘思达：《从实体问责到程序之治——中国法院错案追究制运行的实证考察》，《法学家》2016年第2期，第37页。
③ 王伦刚、刘思达：《从实体问责到程序之治——中国法院错案追究制运行的实证考察》，《法学家》2016年第2期，第39页。

议的案件",并规定检委会及其委员的责任认定方式。① 这样的规定,使得法官和检察官不能过多依赖机构。

二、司法责任制改革的问题和对策

明了司法责任制的含义之后,需要进一步追问司法责任制改革目的。在笔者看来,司法责任制的初衷就是要实现司法公正。公正,是司法权威的根源,是司法的天然追求。英国著名古典政治哲学家洛克曾指出:"不仅如此,纵使存在诉诸法律的手段和确定的裁判者,但是,由于公然的枉法行为和对法律的牵强歪曲,法律的救济遭到拒绝,不能用来保护或赔偿某些人或某一集团所作的暴行或损害,这就难以想象除掉战争状态以外还有别的什么情况。"②"法律的救济"的实现,有赖于公正的司法。公正的司法,既离不开高素质的司法官,更离不开有效的制度保障,这两者必须充分结合起来;并且,从法治国的经验来看,有效的制度保障所起的作用显得更为关键。公允地说,这次的司法改革一再呼吁"司法责任制",确实让人们看到了改革的诚意与希望,毕竟,司法责任制的运作与完善已触及深层司法体制,并对司法体制进行"局部调整"③,这的确是一种进步。然而,改革愿景的实现有赖于一而再、再而三地谨慎行事。尤其当涉及利益分配与制度调整时,更要"三思而后行",否则所有的举措将会因阻碍的巨大而不了了之,甚至最终功亏一篑。对于司法责任制改革,在欢呼之际,更不要忘了实现改革目标的艰巨。司法责任制改革的艰巨性和复杂性,要求我们更为理智地看待此次改革,并积极寻求对策。

一方面,司法责任制改革的推进与完成绝非短时间内可以实现,而是一项长期任务。当我们在设计具体措施的时候,切忌"运动式改革",

---

① 与法院不同,《完善检察院司法责任制的意见》提到"属于检察长(副检察长)或检察委员会决定的事项,检察官对事实和证据负责,检察长(副检察长)或检察委员会对决定事项负责"。在此,"检委会"可以成为责任主体。而法院是"审委会委员"才是责任主体。从实际操作角度来看,法院的规定更为合理。

② 洛克:《政府论(下)》,叶启芳、瞿菊农译,商务印书馆1964年版,第13页。

③ 根据公布的改革方案,其尚未关涉到宪法层面,因而就还没有达到"全面调整"司法体制的程度。

而应周密、审慎地安排，区分轻重缓急。例如，司法官的素质的养成与提高是非常重要的，但不可能在短时间内得以改善，需要法学教育、司法官的选拔与养成机制等一系列的变革。同时，司法官的职业保障问题涉及切切实实的个人利益，既是重要的问题，也是现阶段必须合理设置的问题。"尽管在很多人心目中法官（应该）是公正或者正义的化身，但法官如同凡夫俗子一样，首先是一个追逐私利的个人，而非不食人间烟火的'正义女神'。"① 在笔者看来，司法责任制与其说是为了规训与惩罚，毋宁说是为了形塑司法官群体的职业认同与尊荣感。诚然，优渥的待遇有助于提升司法官职业的吸引力，但是，仅此还不够，还需要通过责任制使司法官对自己所从事的职业产生更多认同与尊荣感，提升其职业水准。从这个意义来说，司法责任制与多年来司法实践中的"错案追究制"应该有所区分：司法官不该成为被动追责的客体，而应成为主动自我约束的主体。根据美国法心理学家 Tom R. Tyler 教授的研究，长久以来威慑方法被用来保证法律得到遵守，然而，在考察其他影响因素之后，威慑的影响作用并没有人们想象的那么明显了。Tyler 教授通过一系列实证研究，证明了合法性比威慑能产生更大影响。当人们遵守法律时，"即便触犯法律被抓获和受到惩罚的风险很小，甚至根本没有什么风险，他们仍然会遵守法律，换句话说，这是他们的一种自律，是因为他们认为遵守法律是一种社会责任，并自愿承担这种义务"②。与此相似，唯有当司法官基于自律，基于对司法责任制的认同时，司法责任制的效用才有望实现最大化。因此，在自上而下的改革推进模式之下，应该尽可能地使司法官群体主动参与其中，避免他们的消极对待。这就要求切实考虑司法官的合理利益诉求，而不是单纯地强调他们服从改革指令。

另一方面，需要在立法层面保障司法责任制的落实，避免改革的中断。法治社会运作的逻辑之一，就是要讲究合法性问题。按照德国社会

---

① 王建勋：《司法如何获得独立——法官行为与集体行动的困境》，《学术界》2013 年第 12 期，第 18 页。
② 汤姆·R. 泰勒：《人们为什么遵守法律》，黄永译，中国法制出版社 2015 年版，第 396 页。

学大师马克斯·韦伯的观点,行动者可以通过"传统""基于感情上信仰""基于价值理性的信仰"和"基于被相信具有合法性的成文规定"赋予某种秩序正当性的效力。他认为:"今天正当性最普遍的形式,便是对合法性的信仰,也就是服从正确的以一般方式通过的成文规定。"①通过合法性增强司法责任制改革的正当性,是法治模式的要求与体现。尤其是司法责任制这样的深层次制度问题,更是离不开立法上的安排,离不开法律的规范。况且,如前所述,司法责任制改革需要的时间比较长,更需要合法性的支撑来确保改革的持久。所以,对于与司法责任制改革有关的司法官的职业保障以及选任问题,需要宪法、法官法、检察官法等相关法律的支持。

"法律应当被看成为一项有目的的事业,其成功取决于那些从事这项事业的人们的能量、见识、智力和良知。"② 法治国家的建成,法律之治的实现,从来都不是一帆风顺的事,需要一批批有志于法治事业的人的前仆后继的努力,任重而道远。对我国而言,更是如此。司法责任制改革承载着塑造一批能肩负建设法治重任的司法官的使命,不可不审慎。尤其是在面临诸多约束条件的情况下,坦诚对待司法责任制改革的隐忧,并不是多余的。如何寻求约束条件下的突破,也将考验着法律人的能量、见识、智力和良知。

第二节 以诉前会议为起点的检察机关办案方式司法化改革

上一节讨论了宏观层面的司法责任制改革问题,主要以法院系统为切入点。与此同时,作为司法机关的检察系统,也在司法责任制改革的大背景下趋向于"检察制度司法化"。基于中国司法实践的特殊性,法

---

① 韦伯:《社会学的基本概念》,顾忠华译,广西师范大学出版社 2005 年版,第 48~49 页。韦伯的判断,也得到了美国 Tom R. Tyler 教授对人们为什么守法的心理学研究的验证。并且 Tyler 教授进一步指出"程序正义"是合法性的基础。参见前引泰勒书,第 399 页。

② 富勒:《法律的道德性》,郑戈译,商务印书馆 2005 年版,第 169 页。

院与检察院同属司法机关，但两者仍然有质的区别。因此，针对检察制度司法化的现象与趋势，有必要加以讨论。本节以诉前会议为着眼点，探讨检察机关办案方式司法化改革问题。

近年来，以审判为中心的刑事诉讼制度改革不断深化发展，最高检顺应新时代要求，提出"四大检察"全面协调充分发展的总体布局，通过推进"捕诉一体"办案机制改革、落实认罪认罚从宽制度等一系列重塑性改革措施，进一步加强检察职能建设。诉前会议是在司法制度改革，尤其是检察制度司法化改革进程中应运而生的一种尝试。该制度是在最高检的指导下，由四川省乐山市检察院、四川省律师协会与四川大学检察制度研究中心合作推动的一项检察机关工作机制创新项目。所谓诉前会议，是指检察机关在审查起诉阶段作出起诉或不起诉决定之前，以召开会议的方式公开听取侦查机关、被害人及其诉讼代理人、辩护人的意见的一种程序性安排。该制度是对自1998年最高检决定在全国检察机关实行"检务公开"的积极尝试，有助于提高检察工作水平，保证检察机关公正执法，为控辩双方提供证据开示、意见交换的双向平台，全面保障刑事诉讼当事人的合法权益，开创检察工作新局面。

一、问题之提出：检察制度司法化背景

（一）检察制度行政化

统治的思想无论是在奴隶社会、封建社会、资本主义社会还是社会主义社会，都切实存在于阶级管理的观念之中。反映在法的本质属性上，集中体现在两方面。第一，法与阶级的内在关系。在阶级对立社会，法是统治阶级意志的体现。第二，法与国家的必然联系。法是以国家意志形式表现出来的统治阶级意志。由此可见，法是法律制度的载体，法的本体论揭示了法的阶级性，构架这种规则的法律制度本身也应当具有相应的阶级性。

就检察制度而言，现行的《中华人民共和国刑事诉讼法》《中华人民共和国人民检察院组织法》《人民检察院检察委员会工作规则》等无一例外地反映出检察院所具有的阶级性，具体表现就是检察制度的行政

化。检察制度行政化是多种因素相互作用的结果，它和我国政体、国体以及检察权的运作模式有着直接的联系。

我们国家是人民民主专政，一切权力属于人民。检察权实际上是人民对检察官的授权，因而检察官有义务保证权力的正确实施。在我国检察制度中，提出了"检察一体化"的原则，目的是制约权力。一般认为，检察一体的基本内涵包括以下三方面：一是，在上下级检察机关和检察官之间存在着上命下从的领导关系；二是，各地和各级检察机关之间具有职能协助的义务；三是，检察官之间和人民检察院之间在职务上可以发生相互承继、移转和代理的关系。①

较之于审判权的行使，检察权的运作模式相对封闭。人民法院对于案件的审理需要公开进行，涉案当事人能够通过提出书面意见、当庭发表意见等多种形式参与案件审理。而人民检察院对于案件的处理，尤其是作出起诉或者不起诉的决定，通常是书面审查，即使该过程中应当询问犯罪嫌疑人、听取辩护人等的意见，但是这些诉讼参与人无法了解检察机关可能作出的决定及其理由，造成了控辩双方以及检察机关与被害人之间的信息不对称，往往导致诉讼参与人对案件处理结果的不理解。

（二）"检察一体化"

"徒法不足以自行"，法律的实施必须有人的执行，法律本身并不能够直接达到立法的目的。法规范的存在具有社会的维度、规则的维度、时间的维度、观念的维度。② 法的局限性决定了法律效果的发挥离不开法律制度设计、法律主体素质、社会大众法律意识等主客观因素。

检察一体化是解决上下级检察院、检察官之间合理关系的制度，是司法责任制改革的主要内容。③ 该制度使得检察权具有行政权和司法权的双重属性，与检察机关的双重领导体制一脉相承。司法权是检察机关行使公诉权、侦查权的笼统概括，要求检察机关独立对案件的事实和证

---

① 参见朱孝清：《检察官相对独立论》，《中国法学》2015年第1期，第138页。
② 参见卡尔·拉伦茨：《法学方法论》，陈爱娥译，商务印书馆2003年版，第2～18页。
③ 参见谢小剑：《司法责任制改革中检察一体化的完善》，《中国刑事法杂志》2017年第5期，第81页。

据进行判断,适用法律,作出起诉或者不起诉的决定。而行政权在实践中主要表现在上级检察机关对下级检察机关的领导以及同一检察机关中,承办人审查、部门负责人审核、检察长或者检委会决定的层级审批制度,以及地方政府对检察机关的干预。

"检察一体化"制度主要是由于各级检察机关的办案人员及同一检察院不同级别办案人员法律素养参差不齐,加之案件类型多样化、作案方式科技化、地方政府干预司法等多种现实困境,为减少起诉裁量权的滥用,防止冤假错案的发生,而在检察院内部形成的监督制约机制。例如,在2005年佘祥林案①的影响下,最高检制定下发了《人民检察院直接受理侦查案件立案、逮捕实行备案审查的规定(试行)》和《关于省级以下人民检察院立案侦查的案件由上一级人民检察院审查决定逮捕的规定(试行)》。

"检察一体化"从立法到司法在全国检察系统的铺陈开来,也带来一系列问题。检察工作,是国家政策的实现工具。新中国成立至今,打击犯罪、维护社会稳定始终是我国检察机关面临的首要任务。同样,维护社会稳定也是中央政权和地方政权的共同职责,这使得检察机关和地方政权在职责上具有一致性,这一工具价值理论在国外也同样适用。②正是由于上级检察机关,同一检察机关的上级领导,乃至地方政府对"检察一体化"的理解偏差,时常发生以服务大局为借口的违背法律法理的指导意见的下达,进而直接影响检察工作的正常开展,违背检察机关依法独立行使职权的基本原则。在一做法,在当前检察机关"关门办案"方式的催化下,更加隐蔽地实现了对司法的干预。

---

① 佘祥林案案情简介:佘祥林,又名杨玉欧,湖北省京山县雁门口镇人。1994年1月2日,佘妻张在玉因患精神病走失,张的家人怀疑张在玉被丈夫杀害。同年4月28日,佘祥林因涉嫌杀人被批捕,后被原荆州地区中级人民法院一审判处死刑,剥夺政治权利终身。后因行政区划变更,佘祥林一案移送京山县公安局,经京山县人民法院和荆门市中级人民法院审理,1998年9月22日,佘祥林被判处15年有期徒刑。2005年3月28日,佘妻张在玉突然从山东回到京山。4月13日,京山县人民法院经重新开庭审理,宣判佘祥林无罪。(参见搜狐网,访问地址:http://news.sohu.com/s2005/shexianglin.shtml,访问时间:2021年6月20日)

② 参见谭明、罗林、郎艳辉:《我国检察机关领导体制的决定因素、现状及发展方向》,《湖北文理学院学报》2013年第10期,第60页。

（三）诉讼模式分化中的检察制度转变

从刑事诉讼发展历史来看，诉讼模式经历了弹劾式诉讼再到纠问式诉讼到控辩式诉讼的转变。现今，大多数国家都采用的是控辩式诉讼模式。在此基础上，综合刑事诉讼的发展历程，又衍生出职权主义和当事人主义。所谓职权主义即为国家有关机关依职权主动追求犯罪的刑事诉讼模式；当事人主义则是个人为启动刑事诉讼的主体。这两种模式其实就是弹劾式诉讼和纠问式诉讼在控辩式诉讼中的两种形态。控辩式诉讼强调控辩双方具有平等的法律地位，拥有相对的诉讼权利与义务，平等地受法律保护。这种控辩式的诉讼实质是一种对抗性司法模式在刑事诉讼中的具体体现。对抗性司法就是基于控辩双方的对抗来发现事实，在被诉一方充分抗辩的前提下，获得处于中立地位的法院的裁判。

我国的刑事诉讼法是借鉴苏联的立法经验逐步发展而成的。随着我国法律观念的转变，对犯罪嫌疑人、被告人辩护权、知情权等基本人权的保障日益受到重视，犯罪嫌疑人、被告人获取法律帮助的可能更多、效果更好，其自身及外界法律意识也有所提高。在这样的背景之下，渐渐演变出了一种合作式司法或协商式司法，即公安机关、检察机关在审查起诉之前，就犯罪嫌疑人是否犯罪、程序选择、交换证据及量刑建议等实体问题与犯罪嫌疑人进行协商，直接参与犯罪嫌疑人与被害人的和解，在此过程中，协商一致的可以请求人民法院予以确认，如孟广虎故意伤害案①。从部分检察机关的实践结果来看，协商式司法在刑事诉讼领域能够有效实现检察机关化解纠纷、惩罚犯罪的职能，使得经由犯罪

---

① 孟广虎案案情简介：2000年12月18日，暮色中，两群人互殴。被害人王玉杰小腿骨折、脾脏破裂。犯罪嫌疑人孟广虎承认：互殴是因车辆争道而引发的。案发后15个月公安机关没能抓到孟广虎同案的其他人，公诉机关牡丹江铁路运输检察院欲以故意伤害罪起诉孟广虎。但因同案人未到案，在事实与证据方面，控辩双方意见严重分歧。为解决问题，公诉方建议辩方同意采取案件管辖法院准备试用的诉辩交易方式审理本案。在辩方提出申请后，经控辩双方协商：辩方同意认罪，并自愿承担民事责任；控方同意建议法院对被告人适用缓刑从轻处罚。后经法院庭前调解，被害人与被告人达成赔偿人民币4万元的协议。2002年4月11日，牡丹江铁路运输法院当庭宣判：孟广虎犯故意伤害罪判处有期徒刑三年，缓刑三年。此次开庭时间仅用了25分钟。（参见中国法院网：《国内诉辩交易第一案审结》，访问地址：https://www.chinacourt.org/article/detail/2002/04/id/3918.shtml，访问时间：2021年6月20日）

行为所侵犯的社会关系得以恢复。从某种角度讲，协商式是其实践者自我找寻的一种符合社会变革需要的非正式规范模式，其目的是要缓和"在开放性和忠于法律之间存在着的某种紧张关系"，其实质是要使法律不拘泥于形式主义，通过理论和实践的结合，进一步探究法律、政策所应关注和容纳的零散、另类价值需求。①

二、问题之考察：诉前会议的理论基础

（一）法律依据

第一，检察机关对于案件的审查，应当充分考虑控辩双方的意见之规定。

诉前会议的特点、内容及程序设置均与新《刑事诉讼法》中的庭前会议有异曲同工之妙。但现行的刑事司法制度中对诉前会议并未像庭前会议一样有明确的法律依据。就个案完整的刑事诉讼进程来看，检察机关应当在审查起诉前对案件事实进行充分了解，对案卷材料进行严谨核实，对刑事诉讼当事人的意见予以充分考虑。上述具体要求，在一定程度上是为诉前会议提供了现实的土壤。换言之，诉前会议只不过是将现有的分别进行的发掘案件事实、核查案卷证据、询问犯罪嫌疑人、审查侦查机关案卷材料等相对独立的过程集中在某一具体的程序中予以开展。

在此基础上，纵观刑事诉讼法典，对检察机关的这些要求在现行法律制度体系中其实是为诉前会议提供了扎实的法律依据。我国《刑事诉讼法》第173条规定："人民检察院审查案件，应当讯问犯罪嫌疑人，听取辩护人、被害人及其诉讼代理人的意见，并记录在案。辩护人、被害人及其诉讼代理人提出书面意见的，应当附卷。"由此可以看出，检察机关对于案件的审查，应当充分考虑控辩双方的意见，而诉前会议无疑成为进行该项诉讼活动的良好载体。

---

① 刘婵秀：《建构与生成：诉讼模式分化中的检察司法规律试析》，《河北法学》2008年第9期，第184页。

第二，辩护人有权全面了解本案相关情况之规定。

辩护人作为维护犯罪嫌疑人、被告人合法权益的，独立于前述二者的诉讼参与人，有权全面了解案件的相关情况。六部委《关于刑事诉讼法实施中的若干问题的规定》第13条强调辩护律师和其他辩护人的阅卷权。《刑事诉讼法》第38条规定，辩护律师在侦查期间可以为犯罪嫌疑人提供法律帮助；代理申诉、控告；申请变更强制措施；向侦查机关了解犯罪嫌疑人涉嫌的罪名和案件有关情况，提出意见。第39条规定，辩护律师会见在押的犯罪嫌疑人、被告人，可以了解案件有关情况，提供法律咨询等；自案件移送审查起诉之日起，可以向犯罪嫌疑人、被告人核实有关证据。辩护律师会见犯罪嫌疑人、被告人时不被监听。第40条规定，辩护律师自人民检察院对案件审查起诉之日起，可以查阅、摘抄、复制本案的案卷材料。其他辩护人经人民法院、人民检察院许可，也可以查阅、摘抄、复制上述材料。《律师法》第34条规定，律师担任辩护人的，自人民检察院对案件审查起诉之日起，有权查阅、摘抄、复制本案的案卷材料。

实践中，辩护人往往遇到"阅卷难"问题。一些公诉机关不愿意让辩护人提前知道案件的详细情况，避免因辩护人的充分准备，使得公诉失败。同时，不可回避的现实是，公诉机关作为国家公权力机关，其本身通过技术手段更易于获取更多的证据信息。如果辩方不能全面了解公诉机关所掌握的有关证据和公诉机关已查明的事实，这种缺损可能产生不利于被告人的结果。

由此，诉前会议就给予辩护人，尤其是辩护律师提前介入案件的机会，并且通过诉前会议的证据交换，在最大限度了解案情的基础上，能够就犯罪嫌疑人是否应当起诉与公诉机关充分交流，切实保障辩护人的知情权、阅卷权等辩护权。

第三，辩护律师证据提交之规定。

《刑事诉讼法》第42条规定，辩护人收集的有关犯罪嫌疑人不在犯罪现场、未达到刑事责任年龄、属于依法不负刑事责任的精神病人的证据，应当及时告知公安机关、人民检察院。第41条规定，辩护人认为在侦查、审查起诉期间公安机关、人民检察院收集的证明犯罪嫌疑人、被告人无罪或者罪轻的证据材料未提交的,有权申请人民检察院、人民法院调取。

实践中,辩护人为达到辩护效果,一般不会与公诉机关交换自行收集的证据,而是在法庭庭审中提交。此时,通过召开诉前会议,辩护人可以就相关证据和辩护意见与公诉机关进行交流和交换,将争议在诉前解决。而公诉机关则可从事实依据和法律适用的角度出发,对起诉的罪名或者公诉意见进行修正,作出有利于犯罪嫌疑人的决定。

(二)法理解释

1. 符合社会主义法的本质和作用

法是统治阶级借以治理国家的工具,是统治阶级意志的体现。我国是社会主义法治国家,我国的法律制度理应体现人民群众最广泛的利益,表达人民群众的共同意志。我国宪法第2条规定,中华人民共和国的一切权力属于人民。第33条第2款、第3款规定,中华人民共和国公民在法律面前一律平等,国家尊重和保障人权。这就要求我国的立法、司法和行政要切实从人民群众的利益出发,维护不同社会群体的权利和利益,维护社会公平,维护公共秩序。

法律作为调整社会关系的规则,涉及多元的社会利益,影响社会结构、社会组织形式、社会利益格局的变化,进而直接影响人民群众正常的生产、生活秩序。在刑事诉讼领域,法律主要是保证刑法的正确实施,惩罚犯罪,保护人民。犯罪行为严重侵犯社会主义的和谐稳定,对犯罪嫌疑人、被告人的定罪量刑,就是对这种行为的否定性评价,使得受到犯罪行为破坏的社会关系得以恢复。正因为犯罪行为本身严重的社会危害性,对犯罪嫌疑人、被告人的处罚往往是剥夺或者限制其一定的人身权或财产权,理应慎之又慎。

为保证刑事诉讼法的正确实施,使刑事诉讼职能充分实现,在立法和司法的过程中要充分发扬民主精神,广泛听取不同意见和要求,要赋予人民群众必要的知情权、参与权、表达权和监督权,使民主、法治等各项刑事诉讼理念在法律的实施中得以实现,真正做到惩罚犯罪与保障人权有机结合。

2. 切实完善权力制约与监督机制

要使检察权得到充分行使，发挥检察机关追究犯罪的职能，必须要求权力的健康运行。诉前会议，在办案方式上实属一大创举。公开召集与会各方就案件的事实、证据和程序发表意见，针对争议焦点进行辩论，使司法过程暴露在阳光之下，这种公开办案的方式，让各方都能够清楚地了解案件的处理情况，也使得案件的处理结果不会过分偏离法治运行的轨道，在一定程度上避免了关起门来办案可能遇到的上级检察机关、上级领导，甚至行政机关对个案的"指导"。同时，诉前会议也促使与会各方能够直接监督案件的处理，完善了司法监督机制。

3. 进一步深化"检务公开"，走检察工作"阳光之旅"

最高检于1998年10月25日发布了《关于在全国检察机关实行"检务公开"的决定》。该决定阐明了检务公开的积极意义，明确规定了检务公开的内容和形式。最高检《2014—2018年基层人民检察院建设规划》第11条就明确规定，深入推进检务公开工作。细化执法办案公开的内容、对象、时机、方式和要求，健全主动公开和依申请公开制度。除法律规定需要保密的以外，执法依据、执法程序、办案过程和检察机关终结性法律文书一律向社会公开。坚持和完善检察开放日、案件公开审查、人民监督员等制度，切实保障人民群众对法律监督工作的知情权、参与权和监督权。诉前会议就是在公诉机关向人民法院起诉前召开的案件公开审查的一种会议制度。该会议使得公诉机关的执法依据、执法程序、办案过程及终结性办案结果均向当事人公开，并且在这个过程中听取当事人的意见，充分保障当事人的权利，切实推进"阳光司法"工程建设。

三、问题之解决：诉前会议的程序架构

（一）诉前会议的提出

《乐山市人民检察院诉前会议规则（试行）》总则第2条第1款规定，检察机关在审查起诉期间，可以召集侦查人员、当事人和辩护人、诉讼代理人等有关主体召开诉前会议，就案件有关程序和实体问题听取

并交换意见。该条对诉前会议进行定义，概括性地规定了诉前会议的提起时间、参与人员，明确了诉前会议需要解决的问题。

诉前会议的设立在一定程度上借鉴了《刑事诉讼法》庭前会议的制度设计。《刑事诉讼法》第187条第2款规定，在开庭以前，审判人员可以召集公诉人、当事人和辩护人、诉讼代理人，对回避、出庭证人名单、非法证据排除等与审判相关的问题了解情况，听取意见。诉前会议与庭前会议，有如下几点区别：

第一，二者召开时间不同。庭前会议是案件由检察机关向人民法院提起公诉后，在开庭前，人民法院自行或者依据当事人申请而召开的会议制度。诉前会议则是人民检察院在对案件进行审查起诉时，依职权或依侦查机关、诉讼参与人申请而召开的会议制度。在此需要明确的是，补充侦查后重新提起审查起诉仍可依职权或依申请召开诉前会议，其原因在于，该规则规定诉前会议的召开时间为审查起诉阶段。补充侦查的案件虽然已经经过一次审查起诉，但是因补充侦查行为，案件再次提起审查起诉，在此，应当理解为一项新的诉讼程序。并且经过补充侦查后，检察机关作出起诉或者不起诉的事实依据发生变化，应当给予控辩双方发表意见的权利。

第二，二者参与主体不同。庭前会议由于案件已经进入法庭审理阶段，其参与主体为刑事诉讼参与人。诉前会议由于案件尚处审查起诉阶段，参与主体为侦查机关（部分）和刑事诉讼参与人。

第三，二者内容不同。庭前会议是就回避、出庭证人名单、非法证据排除等与审判相关的问题了解情况，听取意见。其应当理解为以程序性问题为主，附加提出非法证据排除的申请和理由。诉前会议则是就案件的有关程序和实体问题了解情况，听取意见。

第四，二者功能不同。庭前会议主要是实现庭审的准备和辅助工作，解决庭审中可能出现的程序性问题，如管辖、回避等，避免开庭后因上述原因中止、中断。同时，法官可以通过庭前会议明确双方的争议焦点，在开庭后有效把握庭审进度。明确控辩双方是否提出非法证据排除及理由，便于对开庭后的法庭调查阶段做好准备。需要强调的是，根据《刑事诉讼法》的规定，非法证据的排除必须在审判阶段通过庭审程序实现，庭前会议不能径行作出裁决。与庭前会议相比，诉前会议的目的在于了解案件情况，听取双方意见，帮助检察机关作出是否起诉的决定，并对检察机关起诉的罪名、量刑意见提供参考。在诉前会议中，控辩双方可以就有关程序问题和实体问题向检察机关提出主张和理由，并通过质证查明事实。控辩双方在此过程中承担证据开示之义务，有助于检察机关全面审查案件情况。此程序中，可以对非法获取的证据予以排除，避免非法证据进入庭审，拖延诉讼，造成不利于被告人的情况发生，是检察机关刑事法律监督权的重要方式。

（二）诉前会议的目的、功能与基本原则

1. 诉前会议的目的

《乐山市人民检察院诉前会议规则（试行）》总则第1条明确提出，为保证公诉案件办案质量，切实保障刑事诉讼参与人的诉讼权利，有效化解社会矛盾，充分发挥社会监督的作用，提高诉讼效率，维护司法公正，确保刑事诉讼顺利进行，根据《刑事诉讼法》及《人民检察院刑事诉讼规则（试行）》相关规定，结合全市检察工作实际，制定本规则。这一由乐山市人民检察院试行的诉前会议规则明确表明，其最主要的目的就是切实保障刑事诉讼参与人的诉讼权利，充分发挥法律监督职能，保证起诉正确，维护司法公正。

受传统的"重实体、轻程序"、重"发现案件事实，惩罚犯罪"的司法观念的影响，较早的刑事诉讼理论一般将刑事诉讼视为保障刑法实施的工具，刑事诉讼法本身并不具有独立的价值。但是，随着对程序正义的追求及保障人权意识的提高，刑事诉讼逐步从实体正义中独立出来，具备了民主、法治、人权和文明的内容，出现了非法证据排除、公开审理、保障辩护权等刑事诉讼程序。就诉前会议而言，它召开于审查起诉阶段，并且是在检察机关的主持下，侦查机关（部门）、被害人与犯罪嫌疑人就案件的事实、证据等内容提出意见，进行辩论，充分保护了被害人的参与权与犯罪嫌疑人的辩护权。与以往检察机关依据侦查机关（部门）提供的案卷材料，径直作出起诉或者不起诉的决定，即所谓的"书面审理"的办案方式相比，诉前会议切实保障了刑事诉讼参与人的诉讼权利。

实践中，公诉机关在审查起诉阶段要对犯罪嫌疑人进行讯问，对证人进行询问，对被害人进行询问，核实物证书证，听取辩护人或诉讼代理人的意见并记录在案，等等。这一系列的诉讼活动需要单独分别完成，大大增加了公诉机关的工作量。同时，因为各项诉讼活动的分别进行，难以让诉讼参与人在公开的办案环境下对定罪量刑的事实和证据进行辩解、说明，公诉机关根据案卷材料作出决定也有时出现与事实不服的情况，导致在庭审过程中处于劣势地位或公诉失败。因此，诉前会议就提供了控辩双方证据开示和交换意见的平台，为公诉机关作出正确起诉奠定了坚实的基础。

除此之外，诉前会议也可能要求人大代表、人民监督员等一同参与案件讨论或旁观案件处理过程，不仅使得刑事诉讼参与人对案件过程有所了解，有利于化解纠纷，而且也倾听社会意见，综合社会评价，有利于充分发挥社会监督作用，更好地推进阳光司法。

2. 诉前会议的功能

第一，有助于检察院提高办案质量。诉前会议公开听取意见的方式，使各方从不同角度表达自己的意见和观点，借此还原案件事实真相、澄清案件事实。这种办案机制有助于检察院全面了解案情、深入把握争议问题，真正做到"兼听则明"、对案件进行准确定性，从而有助于检察机关提高办案质量。

第二，有助于检察机关执法公信力建设。诉前会议倡导的是一种公开、透明的办案方式和程序，符合近年来检察院办案方式改革去行政化、适度司法化的趋势，是检务公开工作的重要组成部分，有助于检察机关执法公信力建设。

第三，有助于更好地保障犯罪嫌疑人的合法权益。诉前会议的召开使得犯罪嫌疑人及其辩护人有机会在审查起诉阶段完整地行使知情权，获取公诉机关据以定罪量刑的事实和证据，在此基础上及时、充分发表己方意见，并与检察官交换意见，有助于更好地保障犯罪嫌疑人的合法权益。

第四，有助于保障被害人的知情权与参与权。被害人作为案件的利害关系人,有权知道案件进程、有权参与案件处理过程并有权就案件处理结果发表自己的意见,诉前会议的召开,给被害人行使上述合法权利提供了程序机遇和空间。与此同时,诉前会议的召开因被害人直接参与,使得被害人对公诉机关处理案件的办案流程、事实和法律依据及理由有了充分认知,更易于被害人接受案件处理结果。

第五,有助于实现法律效果和社会效果的统一。一方面,诉前会议在体现程序参与性价值的同时使犯罪嫌疑人与被害人能够直接交流,为双方在民事赔偿部分的充分协商与和解提供了平台,有助于矛盾的化解;另一方面,诉前会议的召开,使得被害人能够了解该案涉及的法律事实与争议焦点,对案件的走向和结果形成初步的心理认识与预期,为检察机关的诉与不诉奠定良好的社会心理基础。

3. 诉前会议的基本原则

(1) 检察中立。

检察机关在审查起诉阶段的职能是审查案卷材料,发掘真相,作出是否起诉的决定。其依照法律赋予的职权,以适用法律为手段,作出独立的司法判断和司法裁决,该行为本质上是以国家公诉人员的身份行使检察权,追究犯罪嫌疑人的刑事责任,从而维护社会和谐稳定。在这个过程中,检察机关的角色扮演决定了对相应案件处理的态度和自身定位。

在实践中,对于交通肇事、民间借贷等行为性质的界定,检察机关工作人员的意见往往趋于认定犯罪。尤其针对自行侦查的案件,由于所属检察院的侦查部门耗费了大量的司法资源用于侦查某一既可以认定为犯罪又可以不认定为犯罪的案件,该院的公诉部门在考虑案件事实本身的基础上通常会带有一定的情感色彩,进而认定犯罪嫌疑人构成犯罪,予以起诉。同理可证,侦查机关若为公安机关,那么公安机关对于某一界定模糊的案件也会倾向于认定构成犯罪,报检察院提起公诉。

因此,如果诉前会议中,检察机关无法保持中立,带有一定的倾向性意见去主持诉前会议,那么无疑无法保证案件处理结果的公平公正,也使得诉前会议流于形式。

(2) 保障参与人的诉讼权利，适用法律一律平等。

《刑事诉讼法》的独立价值彰显在对刑事诉讼参与人诉讼权利，以及对犯罪嫌疑人、被告人人权的保障。诉前会议作为刑事诉讼审查起诉阶段的一个组成部分，理应保障诉前会议参与人相应的诉讼权利。

诉前会议主要是侦查机关、受害方与犯罪嫌疑人一方对涉及是否对犯罪嫌疑人提起公诉的事实、证据及相关的程序性问题进行辩论，其价值在于针对争议问题发表意见，从而为检察机关作出是否起诉的决定提供参考性依据。既然存在争议，那么就必须赋予犯罪嫌疑人辩护的权利。这种做法亦是各国现行刑事诉讼法所主张的。我国宪法第 130 条规定，被告人有权获得辩护。《刑事诉讼法》第 11 条规定，被告人有权获得辩护，人民法院有义务保证被告人获得辩护。犯罪嫌疑人与被告人仅仅只是对涉嫌犯罪的人在不同刑事诉讼阶段给予的不同称谓，二者可以理解为同一主体，进而唯有在个案的刑事诉讼进程中，同等地给予他们辩护的权利，才能保障他们的自由和权益不被非法剥夺和限制。

同时，诉前会议也应当给予受害方必要的诉讼权利。以《乐山市人民检察院诉前会议规则（试行）》为例，其允许受害人、受害人的法定代理人及诉讼代理人，甚至近亲属参与会议，发表意见。但是，如果仅允许受害方参与诉前会议，却不给予其对等的控诉权利，那么对受害方而言则是不公正的，与以往检察机关书面审理案卷材料，将最终结果通知被害人的方式无实质区别。如果其仅仅只能成为旁听一员，无法参与刑事诉讼的过程，公诉机关也不可能考虑被害方的意见，对案件酌情处理，那么诉前会议的价值也将大打折扣。

与此同时，为了使控辩双方充分行使诉讼权利，就必须明确双方法律地位平等，包括拥有同等的法律地位，适用法律平等，享有对等的权利义务。

(3) 以事实为依据，以法律为准绳。

《刑事诉讼法》第 6 条规定，人民法院、人民检察院和公安机关进行刑事诉讼，必须依靠群众，以事实为根据，以法律为准绳。对于一切公民，在适用法律上一律平等，在法律面前不允许有任何特权。

以事实为依据，以法律为准绳是刑事诉讼的基本原则之一。它要求整个刑事诉讼过程应当建立在事实和证据的基础之上，依据法律的规定，确定犯罪嫌疑人、被告人行为的性质及相应的刑事责任。作为一项基本原则，它贯穿于刑事诉讼的始终，指导刑事立法及刑事司法。作为审查起诉的一个环节，诉前会议也应当遵守该原则，具体表现在两方面。

第一，侦查机关、受害方及加害方应当以事实为依据，以法律为准绳发表意见，陈述观点。任何一方应当建立在客观事实的基础上，结合证据的佐证，依照法律的有关规定围绕相关争议焦点进行辩论，应当尽量避免主观的、带有情绪性质，而不具有事实或法律依据的论点的表达。如果出现上述情况，根据《乐山市人民检察院诉前会议规则（试行）》第 18 条规定，侦查人员、辩护人、被害人及其诉讼代理人，经主持人许可，可以在调查阶段对犯罪嫌疑人发问。主持人认为发问的内容与案件无关时，应当制止。第二，检察机关应当以事实为依据，以法律为准绳，听取各方观点，作出合法、合理的决定。诉前会议所要解决的问题为是否对犯罪嫌疑人提起公诉。因此，检察机关作为主持会议的中立一方，应当充分听取与会各方当事人的意见，尽量避免因"先入为主"等违背法治精神的观点导致的错误决定。

（4）兼顾法律效果与社会效果。

国家追诉的价值主要表现在两个方面：第一，犯罪事件所引起的冲突对立，留给加害人与被害人自行解决纷争的空间受限，对于犯罪的追诉处罚与否，已经被视为非被害人得以支配的事项，属于国家公共利益的一环。第二，禁止私人复仇。所谓的禁止私人复仇，就是确定法律规范的维持由国家掌握，而非放任由被害人以私人复仇的形式来恢复法的秩序。与此同时，国家有义务去追诉犯罪人，实现刑法权。[①] 但在实践中，常出现"案结事未了"的情况。尤其对于刑事犯罪而言，一方面，犯罪嫌疑人由于自身心理调节失当，往往将自己受到刑罚处罚的不利后果归结于被害人或案件承办人，进而在出狱后打击报复；另一方面，针

---

① 参见刘婵秀：《建构与生成：诉讼模式分化中的检察司法规律试析》，《河北法学》2008 年第 9 期，第 185 页。

第三章　刑事司法体制改革省思与展望

对社会危害性较大的案件，如杀人、强奸等侵犯公民人身权的案件，对犯罪嫌疑人的处罚可能依然难以平复受害人对犯罪嫌疑人的仇恨心理，由此产生一些不安定因素。例如，备受社会舆论关注的孙伟铭交通肇事案①，即使被告人孙伟铭认罪道歉，受害人的家属当庭即明确表示不予接受。

由此，在审查起诉之前，检察机关召开诉前会议，就可以听取被害人及其近亲属意见，进而间接了解其对犯罪嫌疑人的谅解程度，评估该案的社会风险等级，做好相应防范措施。同时，在双方充分论辩和交流的过程中，犯罪嫌疑人也可能得到被害人及其近亲属一定程度的谅解。此举有利于检察机关作出是否起诉的决定以及决定公诉意见的内容。此外，通过诉前会议，检察机关可以有效评估起诉或不起诉，双方可能作出的反应，有效降低社会风险的发生率。

诉前会议还可以一并解决双方当事人和解问题。《四川日报》2010年12月21日报道，2010年1月至10月，四川省检察机关刑事和解案件数量达1340件，和解成功的有1092件，占总数的81.49%；996件刑事案件的被害人及其家属及时获得经济赔偿，1092名犯罪嫌疑人得到被害人及其家属谅解，对526名犯罪嫌疑人作非犯罪化处理。因而，在大调解的背景下，诉前会议就和解事项的讨论，既可以使犯罪嫌疑人

---

① 孙伟铭交通肇事案案情简介：2009年7月23日，成都市中级人民法院对发生在2008年年底的孙伟铭无行驶证且醉酒驾车造成四死一重伤案进行了公开宣判。法院一审认定孙伟铭的行为已构成危害公共安全罪，且情节特别恶劣、后果特别严重，故依法判处其死刑，剥夺政治权利终身。孙伟铭不服一审判决提出上诉。2009年9月8日上午，四川省高院作出二审判决，改判无期徒刑，剥夺政治权利终身。根据媒体披露的庭审记录表明，公诉方出示的证据中，有事发现场的照片。当大屏幕再现当时的惨景时，孙伟铭一直深深埋着脑袋。面对公诉人的提问，他一直说记不清撞人时的情况了，事后是警察告诉他当时发生的情况。由于展示孙伟铭在市区内高速狂奔的监控录像不够清晰，公诉方专门制作了三维动画还原肇事车的行驶轨迹，每小时130公里的速度让人看起来胆战心惊。随后，控辩双方围绕相关问题当庭展开辩论。下午3点，孙伟铭向法庭进行最后陈述说："我愿意接受任何惩罚，希望我接受了惩罚能够减轻你们的痛苦。说再多的后悔都没有意义，我一辈子也还不清欠下的血债。如果我还有走出监狱的机会，请允许我用余生弥补对你们的伤害……"孙伟铭转过身子，向着旁听席上鞠了3个躬，旁听席上再次传来哭声。但受害人的家属后来说，不会接受孙伟铭的道歉。"这不是道歉能够解决问题的，4条人命啊！"（参见新浪网，访问地址：http://scnews.newssc.org/system/2009/09/04/012307240.shtml，访问时间：2021年6月5日）

得到受害方的谅解，进而减轻刑罚；也可以补偿受害方得到因犯罪行为或侵权行为造成的损害，化解社会纠纷，构建和谐社会。

（5）便捷、高效原则。

一般来说，诉讼效率是指诉讼中所投入的司法资源（包括人力、财力、设备等）与所取得的成果的比例。① 在全世界范围内，面对案件数量激增，作案人员作案技巧、反侦察能力提升与相对较匮乏的司法资源不平衡的现状，提高诉讼效率早已成为当代刑事诉讼的基本原则和价值追求。笔者认为，诉讼效率的提高与司法公正的追求是相辅相成的，低效率的诉讼，无疑会增加诉讼成本，最终导致司法权威的丧失。如果耗费大量的司法资源而取得收获甚微的结果，这种做法在一定程度上有违刑事诉讼的基本价值取向。因此，在诉前会议召开过程中，应当尽量本着"便捷、高效"的原则决定会议召开的地点和方式等。该原则在《乐山市人民检察院诉前会议规则（试行）》第11条、第13条等条款中均有体现。

（三）诉前会议的范围

诉前会议的范围包括诉前会议适用案件的范围和诉前会议的内容两方面。

1. 诉前会议适用案件的范围

根据《乐山市人民检察院诉前会议规则（试行）》第4条规定，适用诉前会议的案件主要有如下五种情况：符合法律规定，拟作不起诉的；上级人民检察院列为重点督办的案件；在全国或本地区有重大影响、社会关注度高的案件；重大案件和疑难复杂案件；可能存在刑讯逼供或其他非法取证情形的案件。

该规定以列举式确定了哪些案件适用诉前会议。根据上述规定可以发现，唯有对刑事诉讼进程有重大影响的案件才可以启动诉前会议程序。原因是：对于案件事实简单，证据确实充分，不存在程序性违法事由的案件，即使是在法院审判中也很有可能适用简易程序。这样的情况

---

① 陈光中主编：《刑事诉讼法》，北京大学出版社、高等教育出版社2013年版，第15页。

下,案件本身并无较多争议,需要诉前会议进行明确和双方辩论的事项很少,如果召开诉前会议,无疑使诉讼程序更为烦琐,降低司法效率。

对于符合法律规定,拟作不起诉决定的案件而言,其直接可能影响到犯罪嫌疑人是否受到刑事处罚,是否终止个案的刑事诉讼进程,因而对此类案件应当充分听取侦查机关和被害人的意见,避免因承办人对案件认识不足而导致纵容犯罪或冤案的发生。

对于上级检察院督办的案件而言,一般是社会舆论关注度较高、案件定性较为困难的大案、要案。这类案件是案件事实较为复杂,证据材料较多,在定性上存在疑问、社会关注度较高的案件,一旦处理不当,容易使检察机关无论是诉讼过程中还是社会评价中处于被动地位。在诉前会议中,对可能存在的争议焦点进行辩论,有助于检察机关了解案情,提出适当的公诉意见。

对于可能存在刑讯逼供或其他非法取证情形的案件,也应当召开诉前会议。刑事诉讼对人权的保障应当贯穿刑事诉讼始终。我国现行的《刑事诉讼法》及相关司法解释,本身就要求人民检察院在审查起诉时询问犯罪嫌疑人是否受到刑讯逼供。利用诉前会议集中处理此类问题,可以避免可能存在刑讯逼供或其他非法取证情形的案件进入诉讼程序,造成诉讼拖延,降低诉讼效率,增加诉讼成本,也使得犯罪嫌疑人的合法权益得不到有效保障。

2. 诉前会议的内容

《乐山市人民检察院诉前会议规则(试行)》第3条规定,诉前会议主要就下列问题了解情况,听取意见:是否提出管辖、回避异议;是否申请变更强制措施;是否提交新的证据;是否申请非法证据排除;双方当事人和解情况;对案件事实认定、法律适用的意见;其他与审查起诉有关的问题。

诉前会议是在审查起诉阶段,由检察机关以主持召开会议的方式听取侦查机关、被害人及其诉讼代理人、辩护人的意见的一项程序。可见,诉前会议对案件事实的发掘、对证据的审查,并不能取代法院对案件的审理。检察机关也并不具有审判权,《刑事诉讼法》也规定未经人民法院审判,任何人不得被宣判有罪。因而,诉前会议所解决的问题应当限定于程序性问题，也就是说唯有程序性事项，如非法证据排除、管辖、回避等问题才可由诉前会议解决。但其实在实践中，程序问题通常与实体问题相关联，不可能将二者完全分割开来，不可避免地会出现会议参与人对案件事实发表意见的情况。因此，对于会议参与人对案件实体问题，包括事实认定和法律适用所发表的问题，检察机关应当听取，但是不得就此类争议问题作出任何形式的裁决。

（四）诉前会议的参与主体

诉前会议参与人是指参加诉前会议，享有相应诉讼权利，履行诉讼义务的当事人。根据《乐山市人民检察院诉前会议规则（试行）》第2条和第9条的规定，具体包括下述主体：

第一，侦查机关（部门）。一般的刑事案件由侦查机关到会说明情况，人民检察院自侦的案件由侦查人员到会说明情况。侦查机关（部门）是受理案件，对涉案当事人进行司法调查，直接了解掌握案件情况的责任主体。其依法向人民检察院移送起诉，理应对案件有关情况进行说明。

第二，被害人及其法定代理人、近亲属、被害人的诉讼代理人。被害人是刑事诉讼中为犯罪嫌疑人所侵害的一方当事人。对犯罪嫌疑人的处理结果和被害人的利益息息相关。同时，被害人也是案件的亲历者，对案件事实的发掘具有无可替代的作用。此外，被害人的出席也是刑事和解的必然要求。在被害人死亡、接受治疗等无法到会的情况下，或被害人为未成年人的，其法定代理人、近亲属也可以出席会议，发表意见。在此需要特别提示的是，由于刑事案件的特殊性，刑事诉讼的被害人因犯罪行为受到严重的侵犯，应当允许其法定代理人、近亲属陪同出席会议。

第三，犯罪嫌疑人及其法定代理人、辩护人。为充分保障犯罪嫌疑人行使辩护权，应当允许犯罪嫌疑人及其法定代理人、辩护人出席会议，提出程序性事项的异议，发表对案件事实认定及法律适用的有关意见，维护自身的合法权益。

第四，院纪检监察部门、人大代表、政协委员、人民监督员、社区代表等群体。为进一步落实检察机关的监督职能，避免诉前会议出现违法情况，检察机关的纪检监察部门有权参加诉前会议，对诉前会议全程进行法律监督，对违法违纪的情况予以制止，并按照检察纪律予以处理。同时，为保障案件社会效果，评估社会反响，针对在全国或地区内影响较大、重大疑难、社会关注度高的案件，可以邀请人大代表、政协委员、人民监督员、社区代表等参加，倾听意见，完善民主法治机制，进一步推进阳光司法建议。

（五）诉前会议的程序

《乐山市人民检察院诉前会议规则（试行）》分则部分对诉前会议的程序进行了较为全面的规定，主要包括以下三个部分。

1. **会议的启动**

诉前会议的启动包括两种方式：

一是依职权启动模式，是指检察机关在审查起诉过程中，认为确有必要召开诉前会议的，经承办人申请，报部门负责人审核，送分管检察长、检察长审批，启动诉前会议的程序。

二是依申请启动模式。是指侦查机关（部分）、被害方、犯罪嫌疑人一方认为有关于管辖、回避、变更强制措施、非法证据排除等程序性事项有疑问需要提出申请，或者犯罪嫌疑人一方对侦查机关拟处理意见有较大异议的，可以向检察机关申请召开诉前会议。案件承办人经审查后认为确有必要的，报部门负责人审核，送分管检察长、检察长批准后启动诉前会议。此处所说的疑问或者异议的内容，必须以《乐山市人民检察院诉前会议规则（试行）》第 3 条规定为准。其中，受害方指被害人及其法定代理人、近亲属、被害人的诉讼代理人。犯罪嫌疑人一方指犯罪嫌疑人及其法定代理人、辩护人。

根据该规则第 7 条的规定，人民检察院自收到移送审查起诉的案件材料之日起三日以内，应当告知当事人有权申请启动诉前会议。

如果案件补充侦查的，可再次提起召开诉前会议的申请。

2. **会议的准备**

为保证诉前会议的顺利进行，应当在正式召开诉前会议之前，将有关会议时间、地点、流程等基本信息提前三天通知与会各方当事人，以便各方当事人做好充分参会准备。此处应当明确的是，不同案件的争议焦点不同，因而对没有争议的问题无须辩论，在诉前会议适用程序上可以因地制宜、因案而异，但必须通知与会各方。

3. **会议的流程**

诉前会议的流程包括准备、调查、辩论、总结四个阶段。

准备阶段：与会议的准备不同，此处准备是指会议正式召开前为维护会场秩序而进行的活动。包括书记员核实诉前会议参与人是否到场，并核对到场参与人的身份；书记员宣布会议纪律；告知会议参与人的权利与义务。

调查阶段：该阶段主要是通过会议调查，使与会各方了解案件情况。在调查阶段，主持人应先询问侦查人员、当事人、辩护人、诉讼代理人是否有新证据提供。如有，应向主持人提供，并交由会议参与人进行质证。其后，分别由侦查人员、被害人及其诉讼代理人、犯罪嫌疑人及其辩护人、其他与会代表就案件事实认定及法律适用发表意见。

辩论阶段：会议主持人对调查阶段的争议焦点予以归纳，在此环节，与会各方按顺序发表意见，检察机关就此进一步了解案情。

总结阶段：辩论结束后，由会议主持人对各方意见进行总结性发言。各方参与人认为会议主持人的总结发言与其意见不一致或有遗漏的，可以要求更正或补充。该阶段主要是对会议中各方陈述的事实及理由进行确认，由此形成的笔录在法庭庭审中可以作为证据使用。

第三节　刑事涉案财物认定的实体法标准初探

本章前两节主要从宏观层面切入讨论司法责任制改革与检察机关办案司法化问题。对于刑事司法体制改革的思考，单纯从宏观层面进行思考是不够的，容易滑入泛泛而谈的陷阱，有必要换个视角，从微观层面观察和审视刑事司法体制改革。因此，本节选取刑事涉案财物改革问题，就刑事涉案财物认定的实体法标准这一"对物"问题进行讨论，下一节则就"对人"问题,即紧急状态下侦讯工作问题加以讨论。涉案财物问题关乎公民的财产权保障,而财产权亦是基本人权之一。当下的涉案财物管理改革,对于纠正我国刑事诉讼中轻视公民财产权保障问题具有重要意义。然而,由于立法上的粗疏以及司法实践中理解的差异,我们对涉案财物的界定和把握还存在一定的偏差。因此,为了廓清认识误区,在思考何为涉案财物及其本质的基础上进一步探讨对涉案财物的认定标准问题,是十分必要的。

当前,一场有关刑事涉案财物的改革正在如火如荼地进行。对于刑事涉案财物问题的改革,党的十八届三中全会于2013年11月12日通过的《中共中央关于全面深化改革若干重大问题的决定》中提出:"完善人权司法保障制度。国家尊重和保障人权。进一步规范查封、扣押、冻结、处理涉案财物的司法程序。"由于涉案财物问题关乎公民财产权的保障,而财产权又属于基本人权,所以相应的司法程序的规范就属于人权司法保障这一范畴。为了落实全面深化改革的要求,中共中央办公厅、国务院办公厅于2015年1月24日发布《关于进一步规范刑事诉讼涉案财物处置工作的意见》(以下简称《涉案财物处置意见》),对刑事诉讼涉案财物的处置问题作出一系列原则性的要求,从而为实际的改革提供指引。根据《涉案财物处置意见》,最高检于2015年3月6日发布《人民检察院刑事诉讼涉案财物管理规定》,公安部于2015年7月22日发布《公安机关涉案财物管理若干规定》,成为侦查机关办案的具体操作依据。

应该说,规范对涉案财物的查封、扣押、冻结和处理是我国刑事司法领域的一个"老大难"问题。我国历来侧重于打击犯罪,侧重于解决犯罪嫌疑人、被告人是否构成犯罪以及是否需要承担相应的刑事责任(通俗地说,就是"解决人的问题"),而对涉案财物的相关问题重视不足(也就是"重人轻物")。随着刑事诉讼中人权保障理念的进一步普及与深化,随着对公民财产权的保障的重视加深,2012年修改的《刑事诉讼法》对涉案财物的处理进行了完善,第234条第2款规定:"人民法院作出的判决，应当对查封、扣押、冻结的财物及其孳息作出处理。"① 这就从立法上进一步明确法院对涉案财物必须做出处理，以解决司法实践中出现的法院基于种种原因而不在判决书中对涉案财物进行处理，使得涉案财物"悬而未决"的问题。涉案财物问题，除了与法院相关（尤其是进入审判程序之后），与检察院和公安机关的关联度更大。毕竟，检察院和公安机关是侦查主体，并且我国尚未实现对物强制处分的司法审查，相应的强制处分由侦查机关自主决定，所以采取查封、扣押、冻结措施显得更为普遍。因此，修正后的《刑事诉讼法》还只是针对进入审判阶段的涉案财物的处理，对于审判前的涉案财物问题的关注依然不够。这就成为《中共中央关于全面深化改革若干重大问题的决定》与《关于进一步规范刑事诉讼案财物处置工作的意见》之所以要进行涉案财物改革的一个重要背景。显然，不管是法院还是检察院和公安机关，一个前提性问题是：如何认定"涉案财物"。也就是说，涉案财物的认定有标准吗？标准何在？对此，无论是刑法还是刑事诉讼法，都没有作出直接而明确的回答。因此，本书有必要就此展开讨论。

一、何为涉案财物？

"涉案财物"并不是刑事诉讼法中的用语。② 对于涉案财物的界定，立法上没有作统一规定。这就导致理论界与实务界对这一用语的理解莫衷一是。尽管于2021年3月1日施行的《最高人民法院关于适用〈中华人民共和国刑事诉讼法〉的解释》中使用了"涉案财物"一词，但也没有对其作出界定。目前，对涉案财物作出界定的是最高检的《人民检察院刑事诉讼涉案财物管理规定》和公安部的《公安机关涉案财物管理若干规定》。《人民检察院刑事诉讼涉案财物管理规定》第2条指出：本

---

① 2018年《刑事诉讼法》的条文序号为第245条第3款，内容不变。
② 在《刑事诉讼法》第5编的特别程序之第4章"犯罪嫌疑人、被告人逃匿、死亡案件违法所得的没收程序"中，第298条第1款、第300条第1款使用"涉案财产"一词。有观点认为刑事诉讼法使用"涉案财产"的表述比"涉案财物"更合适，前者的范畴更大。参见闫永黎：《刑事诉讼中涉案财产的基本范畴》，《中国人民公安大学学报（社会科学版）》2013年第3期，第147页。

规定所称人民检察院刑事诉讼涉案财物,是指人民检察院在刑事诉讼过程中查封、扣押、冻结的与案件有关的财物及其孳息以及从其他办案机关接收的财物及其孳息,包括犯罪嫌疑人的违法所得及其孳息、供犯罪所用的财物、非法持有的违禁品以及其他与案件有关的财物及其孳息。《公安机关涉案财物管理若干规定》第 2 条指出:本规定所称涉案财物,是指公安机关在办理刑事案件和行政案件过程中,依法采取查封、扣押、冻结、扣留、调取、先行登记保存、抽样取证、追缴、收缴等措施提取或者固定,以及从其他单位和个人接收的与案件有关的物品、文件和款项,包括:违法犯罪所得及其孳息;用于实施违法犯罪行为的工具;非法持有的淫秽物品、毒品等违禁品;其他可以证明违法犯罪行为发生、违法犯罪行为情节轻重的物品和文件。

由此可以看出,检察机关与公安机关对涉案财物的界定存在区别:①在案件类型上,公安机关的涉案财物除了刑事案件之外,还包括行政案件,这就比检察机关的单纯刑事案件的类型要宽泛。②在来源上,检察机关的涉案财物仅可以通过查封、扣押、冻结以及接收而来,而公安机关的涉案财物来源要广,既有查封、扣押、冻结和接收,又有扣留、调取、先行登记保存、抽样取证、追缴、收缴等措施。③在内容上,无论是检察机关的涉案财物,还是公安机关的涉案财物,都渊源于我国刑法第 64 条对犯罪所得、所用之物的处理:"犯罪分子违法所得的一切财物,应当予以追缴或者责令退赔;对被害人的合法财产,应当及时返还;违禁品和供犯罪所用的本人财物,应当予以没收。没收的财物和罚金,一律上缴国库,不得挪用和自行处理。"只不过,刑法条文中的"违法所得""违禁品"和"供犯罪所用的本人财物"的表述没有被"照单全收"。对检察机关而言,犯罪嫌疑人的违法所得及其孳息、供犯罪所用的财物、非法持有的违禁品以及其他与案件有关的财物及其孳息,都归属于涉案财物;对公安机关而言,违法犯罪所得及其孳息,用于实施违法犯罪行为的工具,非法持有的违禁品以及其他可以证明违法犯罪行为发生、违法犯罪行为情节轻重的物品和文件,都纳入涉案财物范畴。显然,公安机关的"其他可以证明违法犯罪行为发生、违法犯罪行为情节轻重"表述要比检察机关的"其他与案件有关"更为明确。

通过这一番简单对比，可以看出：①检察机关的涉案财物，基本上等同于查封、扣押、冻结物。②检察机关和公安机关的涉案财物，都关联于《刑法》第 64 条的"特别没收"条款。对违禁品、供犯罪所用的本人财物以及不应当返还被害人的违法犯罪所得的没收相当于国外的"特别没收"。① 这一点，对于我们理解与界定涉案财物非常关键。这意味着能成为涉案财物的判断标准在于是否为刑法第 64 条的"特别没收"之物？对于这个问题，或许还需要结合《刑事诉讼法》的条文来理解。2018 年《刑事诉讼法》第 141 条规定："在侦查活动中发现的可用以证明犯罪嫌疑人有罪或无罪的各种财物、文件，应当查封、扣押；与案件无关的财物、文件，不得查封、扣押。"第 143 条第 1 款规定："侦查人员认为需要扣押犯罪嫌疑人的邮件、电报的时候，经公安机关或者人民检察院批准，即可通知邮电机关将有关的邮件、电报检交扣押。"第 144 条第 1 款规定："人民检察院、公安机关根据侦查犯罪的需要，可以依照规定查询、冻结犯罪嫌疑人的存款、汇款、债券、股票、基金份额等财产。"无论是查封、扣押财物、文件，还是扣押邮件、电报，抑或是冻结财产，依据《刑事诉讼法》第 145 条要求，一旦查明确实与案件无关的就需要解除查封、扣押、冻结。换言之，查封、扣押、冻结的对象必须满足"与案件有关"的要求。显然，这是刑事诉讼中判断涉案财物的法律依据。这也是《人民检察院刑事诉讼涉案财物管理规定》第 2 条界定涉案财物的"其他与案件有关"的根据；当然，也是《公安机关涉案财物管理若干规定》第 2 条所提及的"其他可以证明违法犯罪行为发生、违法犯罪行为情节轻重"的依据。

从《刑事诉讼法》《人民检察院刑事诉讼涉案财物管理规定》和《公安机关涉案财物管理若干规定》来看，"证明犯罪嫌疑人有罪或无罪"，"与案件有关"，"证明违法犯罪行为发生、违法犯罪行为情节轻重"成为判断涉案财物的标准。从三者之间的逻辑关系来看，"与案件有关"的范围最大，其次是"证明犯罪嫌疑人有罪或无罪"，最后是"证明违法犯罪行为发生、违法犯罪情节轻重"。此外，如上文所述，无

---

① 张明楷：《论刑法中的没收》，《法学家》2012 年第 3 期，第 58 页。

论是检察机关所理解的涉案财物，还是公安机关所划定的涉案财物，都包括特别没收之物——违法犯罪所得（及其孳息）、违禁品和供犯罪所用的财物。这样一来，对涉案财物似乎可以分为作为证据之物（即刑事诉讼法中的"证明犯罪嫌疑人有罪或无罪的各种财物、文件"）与特别没收之物（即《人民检察院刑事诉讼涉案财物管理规定》和《公安机关涉案财物管理若干规定》所规定的涉案财物范围）。循着这一逻辑，不禁令人思考：涉案财物的本质是什么？是否就是"扣押物"的另一种表述？可否等同于"扣押物"？值得一提的是，对于我国刑事诉讼中的扣押标准——"证明犯罪嫌疑人有罪或无罪"，无论是1979年，还是1996年、2012年和2018年的《刑事诉讼法》，都是一样的。但是，如果追溯我国刑事诉讼立法史，就会发现《中华人民共和国刑事诉讼法草案》（1957年5月18日）第165条第1款为"对于可以作为证据或者应当没收的物品，应当扣押"；第2款为"在搜查中发现的违禁物品，不问与案件是否有关，都应当扣押"[①]。虽然对我国后来的刑诉立法没有采纳这一标准（而是采用"证明犯罪嫌疑人有罪或无罪"的标准）的缘由不得而知，但我们还是需要思考一下"涉案财物"与"扣押物"之间是否有关联。

二、涉案财物的本质：涉案财物等于扣押物？

"涉案财物"不是一个严格的法律术语，因此，需要我们进一步探究其本质，以免造成用语的混乱。如前文所述，《人民检察院刑事诉讼涉案财物管理规定》与《公安机关涉案财物管理若干规定》对涉案财物的界定，尽管各自的用语和表述存在微差异，但基本内涵一致。究其本质而言，涉案财物无论是作为证据之物还是特别没收之物，都有一个重要特点：为国家权力机关所暂时占有。这样一种暂时占有，是基于刑事追诉的需要，更为具体地说，乃是为了保全证据与特别没收之物的需要。那么，可否这样说，涉案财物其实就基本上等同于扣押（广义的）

[①] 吴宏耀、种松志：《中国刑事诉讼法典百年》（中），中国政法大学出版社2012年版，第479页。

物呢？在笔者看来，答案是肯定的。与国外不同①，我国的《刑事诉讼法》将广义的扣押分解为查封、扣押（狭义）、冻结和提取等。扣押（广义的），是指"为保全可为证据或得没收之物而由国家机关对其暂时占有的一种强制处分措施"②。从《人民检察院刑事诉讼涉案财物管理规定》与《公安机关涉案财物管理若干规定》的规定来看，尤其是前者，很明确地将涉案财物限于检察机关所查封、扣押和冻结的财物及其孳息；而后者，也即公安机关的规定，除了通过查封、扣押、冻结获得涉案财物之外，还包括扣留、调取、先行登记保存、抽样取证、追缴、收缴等措施，公安机关获得涉案财物的方式多一些（这与其办理行政案件有关系）。如果将案件范围限于刑事诉讼领域的话，与检察机关一样，公安机关也主要是依靠查封、扣押和冻结的方式获得涉案财物。而查封、扣押、冻结，属于广义的扣押，因此可以说，刑事涉案财物基本上等同于扣押（广义的）物。

当然，涉案财物除了扣押（广义的）物之外，还有接收物，即《人民检察院刑事诉讼涉案财物管理规定》提到的"从其他办案机关接收的财物及其孳息"，以及《公安机关涉案财物管理若干规定》提到的"从其他单位和个人接收的与案件有关的物品、文件和款项"。对于接收物如何定性呢？检察机关或公安机关通过"接收"的方式取得对涉案财物的暂时占有，与扣押（广义的）通常采用强制力而取得占有的方式确有不同。所以，接收物还是需要区别于扣押（广义的）物的。

三、刑事涉案财物的认定

既然涉案财物主要为扣押（广义的）物，那么，对其的认定又可以转化为对扣押（广义的）物的认定。结合《刑事诉讼法》第141条规定，再加上《人民检察院刑事诉讼涉案财物管理规定》与《公安机关涉案财物管理若干规定》对涉案财物的界定，可以将涉案财物进一步具体

---

① 例如，日本刑事诉讼法中的扣押是一个"包括查封、扣领和提交命令在内的综合概念"，指"法院或侦查机关取得物证或者占有应被没收之物的措施"。参见田口守一：《刑事诉讼法》（第五版），张凌、于秀峰译，中国政法大学出版社2010年版，第67页。

② 万毅：《刑事诉讼中的扣押：规范分析与法律解释》，《法学》2008年第7期，第61页。

化为"作为证据之物"和"特别没收之物"。这样一来，认定涉案财物的标准就需要结合刑事实体法的规定了。毕竟，作为证据之物与特别没收之物的判断，离不开刑法，离不开具体罪名。在此，笔者借助案例1来分析特别没收物中的犯罪工具的认定。

案例1：2006年至2008年期间，被告人李某某在从事煤炭经营业务过程中，两次驾驶贵A×××××福特牌越野车向时任安顺监狱销售科副科长张某某（已判刑）行贿，共人民币4万元。2004年至2005年期间，被告人李某某在从事煤炭经营业务过程中，向时任安顺发电有限公司燃料副总经济师李某某（另案处理）行贿两次，共人民币3万元。被告人李某某因行贿罪于2009年9月28日被贵州省安顺市西秀区人民法院（一审法院）判决判处有期徒刑一年，并没收越野车一辆。由于被告人李某某没有上诉，所以本案一审判决即生效判决。此后，李某某以一审判决同时没收财产没有法律依据，且一审因没收的越野车非其本人所有、属其妻子游某所有而属于适用法律错误为由向贵州省安顺市中级人民法院审诉。安顺市中院于2013年7月24日作出刑事裁定，指令安顺市西秀区人民法院另行组成合议庭再审。安顺市西秀区人民法院再审（一审）维持了该院于2009年所作的判决。李某某不服再审（一审）判决，向安顺市中院上诉。其上诉理由，除了此前申诉的两个理由之外，还增加了被没收的越野车不是犯罪工具、不属于其所有且非其违法所得两个理由。二审中，公诉方亦认为一审将该车认定为犯罪工具予以没收没有法律依据，要求安顺市中院依法予以改判。安顺市中院经过二审后认为：由于该越野车属于李某某与其妻游某的夫妻共有财产，对该车的没收则侵犯了游某享有的那部分权利；并且，该车并非李某某为实施行贿犯罪而准备的作案交通工具，两者之间没有必然的联系。所以，最终安顺市法院判决撤销没收，但没有支持李某某诉请赔偿因扣押该车造成的经济损失问题，理由是不属于再审范围。①

在本案中，被告人李某某因行贿罪而被判刑，其所驾驶的越野车也被贵州省安顺市西秀区人民法院认定为犯罪工具而没收。与法院的认定

---

① 详细案情参见：贵州省安顺市中级人民法院刑事判决书（2014）安市刑再上字第1号。

相同的是安顺市西秀区人民检察院的认定:检察机关扣押该越野车。在检察机关看来,该越野车无疑属于涉案财物。并且,无论是在普通一审中,还是在因为安顺市中院指令的再审一审中,安顺市西秀区法院和检察院都没有改变原初的认定。到了再审二审,安顺市中院没有将该越野车认定为犯罪工具。由此可以看出,对犯罪工具的认定看似简单,实则仍然需要法官结合具体案件情况加以判断。有观点提出通过"关联理论"来判断犯罪工具,包括关联点和关联强度两个方面。"关联理论的基本观点是:犯罪工具有两种,其使用功能构成犯罪实行行为侵害能力的物,属于犯罪工具中的实行工具;为非实行行为所使用且与犯罪具有较高关联强度的物,属于犯罪工具中的非实行工具。"① 一般而言,对某物是否属于犯罪工具中的实行工具比较容易判断。例如,一把水果刀,作为普通生活用品,当它被用来杀人的时候,其使用功能就构成杀人行为这一实行行为侵害能力,就属于犯罪工具中的实行工具。相较之下对某物是否属于犯罪工具中的非实行工具的判断比较困难,这需要结合该物与非实行行为之间的关联强度来判断。关联强度包括:"一是与物相结合的非实行行为对犯罪实行行为的促进程度;二是物与非实行行为的结合程度;三是物与非实行行为的结合频次与存续时间。"② 对于案例1来说,李某某所犯行贿罪,其驾驶越野车的行为与行贿的实行行为之间关联性微乎其微。并且,越野车与非实行行为的结合程度、结合频次与存续时间都不高。因此难以将李某某所驾驶的越野车认定为行贿罪中的犯罪工具。假如说,李某某不是驾驶自己的越野车,而是乘坐公交车或者出租车去行贿,那公交车或出租车也成为犯罪工具?显然,认定公交车或出租车为犯罪工具就显得荒谬了。无论是越野车,还是公交车或出租车,都不是促成行贿的实行行为实现的关键。

除了犯罪工具的认定之外,还包括犯罪所得(及其孳息)和违禁品的认定。相较而言,对违禁品的认定更为简单,对犯罪所得(及其孳息)和犯罪工具的认定则复杂不少。毕竟,违禁品的种类和表现形态没

---

① 王飞跃:《犯罪工具没收研究》,《中外法学》2010年第4期,第620页。
② 王飞跃:《犯罪工具没收研究》,《中外法学》2010年第4期,第620页。

有犯罪所得（及其孳息）和犯罪工具那样多元。对犯罪所得（及其孳息）和犯罪工具的认定，哪怕是在法院审判阶段都有可能出现不同意见（如案例1中对犯罪工具的认定）。即便如此，涉案财物是否属于刑法中的特别没收之物，最终还是由法院来裁判。这也是刑事诉讼法的要求。此外，对于审前程序中的涉案财物的认定，由于我国没有对物强制处分制度和采用司法令状主义，因此刑事诉讼法规定只要能够"证明犯罪嫌疑人有罪或无罪"就可以由侦查机关自主决定扣押（广义的）。然而，刑事诉讼法的"证明犯罪嫌疑人有罪或无罪"的标准过于笼统。涉案财物既然主要表现为扣押（广义的）物，那么侦查机关判断是否属于涉案财物的标准在于是否为保全证据和特别没收之物。这样的认定标准，较之于"证明犯罪嫌疑人有罪或无罪"的标准更为清晰。

四、余 论

此番刑事涉案财物改革，以人权保障为目标，强调对公民财产权的保护，避免国家权力机关因刑事追诉的需要而不当侵犯公民财产权。应该说，国家权力运作与公民权利保障之间的博弈与平衡，一向是刑事诉讼中的重要乃至永恒课题。一方面，国家基于维护法治秩序的需要追诉犯罪；另一方面，在追诉犯罪的过程中，免不了干预公民权利。要在刑事诉讼中有效保障公民的财产权，离不开对审前程序中侦查机关的查封、扣押、冻结等行为的有力规范。因此，对于涉案财物的界定，显得很有必要。尽管说涉案财物的"属性"之最终认定与处置是在法院审判环节，但是，对于那些没有进入审判程序的涉案财物，对于侦查机关基于刑事诉讼法的授权与侦查实践的需要而于审前程序中采取相应手段将公民财物纳入涉案财物，毫无疑问更需要有一个明晰的标准和规范的程序予以约束。本节的写作，充其量只是一个初步尝试，只算作对刑事涉案财物认定的实体法标准的初探，仍需进一步的思考与论证。

第四节 紧急状态下侦讯工作的困境及对策

上一节讨论了刑事涉案财物认定的实体法标准问题,透过"对物"问题,从微观视角观察刑事司法体制改革。本节则透过"对人"问题——讨论紧急状态下侦讯工作的困境与对策,管中窥豹,进一步思考刑事司法体制改革的具体问题。

一、刑事诉讼语境下的"紧急状态"

"紧急状态",顾名思义是指非常紧张的形势。其中的"紧急",意味着必须采取行动、不容许拖延。根据《现代汉语词典》,其通常被解释为国家面临战争的状态。虽然"紧急状态"的词源已经难以考证,但有一点是可以确认的:它的出现与"国家"概念的形成密不可分,关乎国家安全与社会安宁。例如德国将这种"紧急状态"限定为国家主权的完整和领土的安全,直接定义为"防御状态"。《联邦德国基本法》第115条a规定,防御状态是指对联邦领域是否受到武力攻击或者直接面临此种攻击的危险。一旦这种紧急情况出现时,其宣布进入"紧急状态"的效果是带来法效力的个别乃至全面终止。[①] 可以说,应对国家的军事危机,势必会导致"非常力量"的出现。但当今世界各国面临的危机,不再简单地来源于军事战争,经济动荡、外交冲突、社会动乱、重大自然灾害和公共安全事件等内忧外患都将导致国家或者地区进入"应激"状态。因此,新时期的"紧急状态"表现出两个显著的基本特征:一是各种风险因素的增加与混杂,使其内涵和外延泛化,不再限于军事

---

① 也就是说,一旦国家或者地区宣布进入"紧急状态",政府应当调动全部资源和力量应对危机事件,以确保局势不再恶化,全面恢复社会秩序,保障国家(或地区)安全形势。政府当局所采取的任何针对性措施,被赋予特殊时期下绝对执行的"权力",因此可能造成对公民基本权利的某种限制或者侵犯,并且有违现行法律法规之虞。但是,由于这些措施是为了保护更为重要的法益(常常关于全体公民的人身民主权利),因而其行为被认为是合理、适当且可接受的。基于这种价值选择,现行法律法规的规定当与紧急状态下的政策、法令相冲突时,则不再具有法效力上的拘束力。

冲突和危机;二是政府当局在紧急状态下所使用的"非常权力"在范围上极大深化,尤其表现在限制公民权利以及处理工业不安局面上。①

不言而喻,宣布进入"紧急状态"对于一个国家或地区而言,意味着在短期之内构建一种新的社会秩序。并且,政府当局具有绝对的权力,以采取各种必要的防控措施。如果不加限制,极有可能造成权力的滥用。然而,令人遗憾的是,虽然绝大部分国家的宪法授权政府可以宣布国家或地区进入"紧急状态",但都未曾对紧急状态的条件予以释明。即使是较早制定《国家紧急状态法》的美国,也并未在法律条文中具体说明紧急状态的具体情形。②

当前,我国没有创设专门的"国家紧急状态法"③,有关宣布和实施紧急状态的法律渊源散见于包括宪法在内的不少法律法规及部门规章、地方性规范。我国宪法第80条和第89条规定,国家主席可以依照全国人大及其常务委员会的决定,宣布进入紧急状态;国务院可以依照法律规定决定省、自治区、直辖市的范围内部分地区进入紧急状态。实际上,现行宪法中"紧急状态"的表述是在2004年宪法修订时,由"戒严"一词演变而来的。因此,决定全国或部分地区进入紧急状态的法律规定,首先应当考虑适用《中华人民共和国戒严法》。根据《中华人民共和国戒严法》第2条规定,紧急状态被定义为"在发生严重危及国家的统一、安全或者社会公共安全的动乱、暴乱或者严重骚乱,不采取非常措施不足以维护社会秩序、保护人民的生命和财产安全"的情形。其次,借"非典"之鉴于2007年颁行的《中华人民共和国突发事件应对法》第2条有关"突发事件"的解释,在其发生、发展到一定严

---

① 参见马克·内奥克勒斯:《紧急状态、资本主义和法治》,《南京社会科学》2007年第4期,第12页。

② 参见江振春:《美国"国家紧急状态"的前世今生》,《世界知识》2019年第4期,第68页。

③ 事实上,早在2003年"非典"过后就有学者提出制定"紧急状态法"的动议,以确保国家面对非常时期社会冲突时应当遵循的治理规范。国务院办公厅2003年3月在《关于贯彻落实全面推进依法行政实施纲要的实施意见》及当年立法工作计划中明确提出"建立健全各种预警和应急法律制度和机制(包括起草紧急状态法)";同年11月国务院法制办将起草《紧急状态法(专家建议稿)》的任务交由清华大学公共管理学院,但基于各种原因,这一立法工作被延滞。在笔者看来,"紧急状态法"实际上是被2007年颁行的《中华人民共和国突发事件应对法》取而代之。

重态势时,应当被认定为"紧急状态",这些情况包括:突然发生,造成或者可能造成严重社会危害,需要采取应急处置措施予以应对的自然灾害、事故灾难、公共卫生事件和社会安全事件。① 然后,在发生威胁国家统一和安全的情形时,《中华人民共和国国家安全法》《中华人民共和国反恐怖主义法》等明确规定可以宣布进入"紧急状态"。此外,一些省市针对特定问题,制定了相应的地方性规范②,其中都援引"紧急状态"一词,说明特定事项造成的不可控风险。

对此,我国法律体系下的"紧急状态"具有四个显著特征:一是事件内容危及国家安全、公共安全或社会秩序;二是事件进展包括已然发生或极可能发生的;三是事件性质达到严重、紧急、迫切的程度;四是事件防范已经出现失控态势,用正常工作程序难以避免或减轻危害。据此,对于已经发生或者极有可能发生的严重危害国家安全、公共安全或社会秩序的失控态势,可以称为"紧急状态"。一旦宣布进入紧急状态,或者虽未宣布进入紧急状态,但已经处于紧急状态时,意味着包括法律法规在内的现行社会管理机制面临失灵的可能。具体到刑事诉讼语境下,凡是影响到刑事诉讼活动正常进行的"紧急状态"都属于本部分讨论的范围,包括下列情形。

(一)遭遇恐怖袭击或发生涉恐事件

近年来,我国反恐形势日趋复杂与紧张,以新疆"7·5"事件为代表的或大或小的涉恐案件层出不穷。这些涉恐案件给民众的身心造成重大伤害,同时给当地经济带来重创,阻碍发展。在涉恐案件发生及其结

---

① 有学者简单地将"紧急状态"与"突发事件"等同,对于这一观点笔者存疑。根据国务院印发的《关于做好国务院2005年立法工作的几点意见和国务院2005年立法工作计划的通知》第三条第四项"为了预防和应对可能导致紧急状态的突发事件,……"的规定可知,二者的逻辑关系应当是突发事件为紧急状态充分非必要条件。换言之,突发事件在其达到一定严重程度时,可能造成紧急状态,但并不是所有的突发事件都应当被视为紧急状态。

② 例如,《成都市人民政府办公厅关于印发成都市突发环境事件应急预案的通知》将"环境应急"(即针对可能或已发生的突发环境事件需要立即采取某些超出正常工作程序的行动,以避免事件发生或减轻事件后果的状态)称为"紧急状态";《武汉市防洪管理规定》将武汉关水位临界保证水位视为防汛工作进入"紧急状态"的标准;贵阳市、银川市关于煤炭、粮食供应"紧急状态"的通知;等等。

束后的一段时间内，刑事案件也呈现出规律性特点。通常来说，这个时期有两类案件突显，属于办案人员需要立即展开侦讯的对象：一种是基于恐怖主义活动而发生的危害国家安全、公共安全的犯罪；另一种是受恐怖活动影响而发生的侵犯公民人身权利、公私财产权利的犯罪，如对"恐怖分子"（包括误认为参与恐怖活动的守法居民）进行的事后打击报复、乘慌乱之际实施的抢劫或盗窃等。

（二）严重扰乱社会秩序、危害公共安全的动乱、暴乱和骚乱

相对于受外部势力直接参与的恐怖主义活动，动乱、暴乱和骚乱主要源起于内部，常表现为有组织、有计划的区域性群体事件，其目的在于扰乱社会秩序，发泄不满情绪，煽动某种政治偏见或非法意图。常见的动乱、暴乱和骚乱形式包括：举行带有明显暴力色彩的非法集会、游行、示威活动，组织、策划、实施打砸抢烧杀等系列违法活动，以及农民工暴力讨薪等。办案人员不仅要面对短期"制暴"的压力，还需要防范、打击个别犯罪嫌疑人"趁火打劫""坐收渔利"的犯罪行为，如在暴徒分子打砸后的街区实施盗窃。

（三）突发的重大自然灾害、事故灾难和公共卫生事件

由于一些自然或人为因素，某些地区可能会突发地震、洪水等自然灾害，或者如煤矿塌方、天然气泄漏、火灾等事故灾难，以及"非典"、新冠肺炎疫情等公共卫生事件，导致该地区乃至全国范围内的正常生产、生活受到影响。当危机来临时，个体极有可能出现与应激事件有关的适应性不良，从而在负性情绪的影响下出现过激行为，导致暴力事件；或是基于对事件的不理性认知，可能实施盗窃、抢夺、抢劫等侵犯公私财物的行为，以保障自己在特殊时期的生活需要。同时要注意的是，借机销售假冒伪劣商品、走私商品或者哄抬物价以牟取高额利润的非法销售犯罪活动在突发事件中处于高发态势。与之相关的刑事案件，还包括违反安全管理规定的危害公共安全罪、妨害社会管理秩序罪和渎职罪等。

此外，关于战争状态是否属于刑事诉讼中的"紧急状态"，笔者在

此一并予以探讨。有学者认为，我国宪法、国家安全法等法律法规将紧急状态与战争状态并列表述，分别授权，在法解释学上二者虽同属于"相对于平常状态的法律状态"，但不能等同视之。① 这一主张在域外法中亦有所体现。② 笔者基于法解释学的立场，对此也持相同观点。但从实践角度来看，倘若国家出现了比紧急状态更为严重的大规模武装叛乱和暴力冲突，国家将进入军事防卫状态，似乎再行讨论是否对一般刑事案件开展侦讯工作已无必要。当然，本部分的相关讨论在战争状态下，仍然具有借鉴意义。

二、紧急状态下侦讯工作面临的困境和对策建议

之所以对"紧急状态"下的侦讯问题进行单独讨论，是因为其制造的高压环境扰乱了正常的办案秩序，由此引发一系列涉及法律规范冲突、办案资源配置失衡、常规侦讯手段失灵等问题，并呈现出规律性的共性特征。首先，当紧急状态出现后，一般刑事案件的案发率通常有所下降，但是与"紧急事件"相关的犯罪活动更为多发。其中较常见的是直接诱发紧急状态的犯罪活动，如分裂国家罪、爆炸罪、妨害传染病防治罪、以危险方法危害公共安全罪等；另一种是"紧急事件"直接衍生的犯罪，包括利用社会秩序混乱而实施的非法经营罪、生产销售伪商品罪，以及对抗"紧急措施"的妨害社会管理秩序的犯罪，如妨害公务罪、故意传播虚假信息罪等。其次，一旦进入紧急状态，办案人员必须立即进入应急状态，将维稳工作和控制事态发展置于首位，对于实体和程序层面的合法性要求可能会有所降低、让位于前者。

正是基于紧急状态的特殊性，办案机关在具体工作中常常陷入困境，而紧急状态下的刑事侦讯工作牵一发而动全身，不仅要在刑事诉讼程序上采取必要的临时性"变通"措施，还要从刑事一体化的角度调整

---

① 参见陈聪：《"紧急状态"的事实判定与法律规定》，《理论探索》2015年第1期，第109页。

② 例如，对于战争状态，《土耳其共和国宪法》作了区分于一般紧急状态的规定。参见《〈中华人民共和国紧急状态法〉（专家建议稿）立法释义》，中国法学网，访问地址：http://www.iolaw.org.cn/showNews.aspx?id=22239，访问时间：2020年2月17日。

实体法与程序法对紧急事件的处置规程,甚至还要更为宏观地重构办案机制以应对紧迫性的社会治理挑战。对策设计的逻辑起点,应当聚焦于刑事诉讼法与紧急状态的关系,在明确紧急状态下"特殊"刑事诉讼法适用的条件、潜在问题的基础上,探讨刑事诉讼如何调整适应紧急状态。

(一)理论前提:紧急状态是否构建了刑事诉讼法适用的特殊"疆域"

我国当前没有专门的"紧急状态法",只有《中华人民共和国突发事件应对法》在总则部分提及因应对措施导致诉讼、行政复议、仲裁活动不能正常进行时,可以适用时效中止和程序中止的规定。在此笔者想讨论的是,刑事诉讼法到底是否应该因时制宜?

所谓"因时制宜",就是以紧急状态的出现作为时间条件,决定是否适用特殊的刑事诉讼程序。对此,应当先行明确的核心问题是刑事诉讼法建构特殊规则的必要性。法治国家刑事诉讼法责无旁贷的任务,便是以一套诉讼规则来规制并厘清追诉程序中国家与个人权利和义务的界限,使双方有所适从,一方面便于国家完成其追诉处罚的功能,另一方面提供个人有效的权利保护。但是紧急状态的出现打破了社会管理有序进行的内部稳态,国家或地区必须积极应对,以减轻紧急状态给社会造成的人身、财产损害。必要时,国家会以限制公民部分或者全部涉及衣食住行的基本权利为代价来避免全体公民的权益受到更大程度的损害。毫无疑问,这是一种为了同一主体利益,以小换大、以短期约束换取长期自由的增益行为。从这个意义来说,刑事诉讼法的"因时制宜"具备合理性,理由如下:其一,紧急状态期间政府权力的高度集中势必会要求限制公民的部分权利。其二,紧急状态下的权利保障不应当简单地理解为给予一致、平等的权利,而是在对应的权利范围内给予相对等的权利待遇。一般的犯罪嫌疑人、被告人因实施犯罪行为而受到法律的制裁和限制,紧急状态的出现并不会豁免其罪行,合理的举措应当是在法律明确规定的"自由"限度内,给予相应的权利保障。其三,在紧急状态时期变通刑事诉讼程序的实施方式和限度,有助于控制事态发展,避免在紧急状态下滋生其他恶性事件,造成"捡了西瓜丢了芝麻"、顾此失彼的不良后果,从长远来看更为经济。

(二)法律基础:加快建立健全国家紧急状态法律体系

紧急状态下刑事司法的运作目标之一就是为国家在紧急状态下运用权力找到正当根据。同时,要提醒的是紧急状态下刑事司法的临时改良,并不能破坏长期形成的司法传统,必须要在法律制度的构建上引入相应的概念与标准,努力为这一权力的行使设立边界,以确保司法的正当性,避免对任何无辜的社会成员造成侵害。[①] 因此,必须加快建立健全国家紧急状态法律体系,以有效应对紧急状态,全面保障公民权利。

笔者认为,我国紧急状态法律体系的建立健全可从以下两方面着手:一是在总结我国应对近年来重大突发应急事件的经验基础上,结合战争状态的特殊需要,进一步明确"紧急状态"的宣布标准,制定国家紧急状态法,给予特殊时期的全面授权,统筹各部门法在紧急状态下的适用效力问题。二是应当借由民法典制定的契机,全面梳理现行法律规范中紧急状态方面的应对机制,从而完善法律体系。这两方面工作的同步开展,既可以保证政府对于紧急状态积极应对的集中领导,提高紧急状态应急机制的整体运行效率,又给予紧急举措之法律依据和约束。

(三)办案机制:办案组织与办案方式的适应性调整

笔者在与一线办案人员的交流中明显感觉到,素日里案多人少的压力在特殊期间更为突出,导致真正能够参与正常案件办理的人员严重不足。对此,办案机关不仅应当通盘考虑应对紧急状态的人力投入与日常工作的平衡需求,在人员编制与配给方面科学设计,建立人员应急调度制度;更为重要的是,对办案人员实行分类管理,形成办案组织高效协调的运行机制。笔者曾调研的派出所对办案组织的划分方式值得借鉴。该派出所除了分管业务的领导,日常工作中将警力主要划分为勤务指挥

[①] 参见刘涛:《美国紧急状态下的刑事司法:历史、述评与启示》,《环球法律评论》2014年第3期,第136~141页。

人员、社区警务人员、执法办案人员。勤务指挥人员负责日常工作的统筹协调，社区警务人员定点负责所辖社区的治安防控工作，执法办案人员负责开展具体案件的侦讯与查处工作。例如，在新冠肺炎疫情初期，全所民警集中警力配合政府部门开展辖区人员排查工作，集中排查之后，将各辖区工作转交给社区警务人员对口负责。由此，执法办案人员可以将精力投置于继有或新发刑事案件的侦办与专项打击工作上，如查处辖区内倒卖、出售假冒伪劣口罩、妨害传染病防治等违法犯罪活动等。如此一来，既保证了防范疫情的应急需要，同时也使刑事案件的侦办得以顺利开展。因此，笔者建议在执法办案人员的内部职责划分上，可以根据案件性质、案发率等指标建立案件繁简分流负责机制，将人员划分为一般刑事案件的侦办组和重大疑难复杂案件精英侦办组。在紧急状态出现时，由于像盗窃、危险驾驶罪等罪行较轻、侦办难度不大的常见犯罪案发率有所下降，且"严打"案件的犯罪事实一般较为清楚、法律关系并不复杂、证据收集及嫌疑人锁定难度不大，这部分工作可以由一般刑事案件侦办人员负责。至于经验丰富的办案人员，应当继续集中精力跟进重大疑难复杂案件，避免案件侦办工作陷入停滞。

在办案方式上，除了提高办案人员的侦讯能力、证据收集能力等，还需要特别强调5G技术背景下远程视频侦讯技能的运用。随着互联网技术的普及及智能化法庭的建设，远程审讯和提讯、远程开庭的应用势不可挡，因此，办案人员必须对技术变革的新要求做好充分准备。

在应对方案的制定层面，应当充分考虑刑事案件侦办的需要，做好配套保障工作。此外，由于紧急状态带来的高强度、高压力、严责任，不少办案人员身心俱疲，甚至容易出现焦虑、抑郁、内疚等心理问题。对此，也应当给予必要的心理健康教育和危机干预。

当前，随着人类社会的发展及国际形势的复杂多变，紧急事件时有出现，世界各国必须对此未雨绸缪，积极应对。在具体举措上，一方面，我们要不断强化紧急状态的管理和处置，有效防范紧急状态给公民和国家造成的侵害及损失；另一方面，我们也呼吁加紧推进我国紧急状态法律体系的不断健全和完善。

参考文献

一、专著

边沁. 道德与立法原理导论［M］. 时殷弘, 译. 北京：商务印书馆, 2000.

陈光中. 刑事诉讼法［M］. 北京：北京大学出版社, 2013.

汉密尔顿, 杰伊, 麦迪逊. 联邦党人文集［M］. 程逢如, 在汉, 舒逊, 译. 北京：商务印书馆, 1980.

姜明安. 行政法与行政诉讼法［M］. 北京：法律出版社, 2006.

卡尔·拉伦茨. 法学方法论［M］. 陈爱娥, 译. 北京：商务印书馆, 2003.

凯尔森. 法与国家的一般理论［M］. 沈宗灵, 译. 北京：商务印书馆, 2013.

克劳斯·罗克辛. 刑事政策与刑法体系［M］. 蔡桂生, 译. 北京：中国人民大学出版社, 2011.

李心鉴. 刑事诉讼构造论［M］. 北京：中国政法大学出版社, 1992.

林钰雄. 刑事诉讼法［M］. 北京：中国人民大学出版社, 2005.

洛克. 政府论（下）［M］. 叶启芳, 瞿菊农, 译. 北京：商务印书馆, 1964.

马丁·洛克林. 剑与天平——法律与政治关系的省察［M］. 高秦伟, 译. 北京：北京大学出版社, 2011.

孟德斯鸠. 论法的精神（上）［M］. 张雁深, 译. 北京：商务印书馆, 1959.

参考文献

汤姆·R. 泰勒. 人们为什么遵守法律 [M]. 黄永, 译. 北京: 中国法制出版社, 2015.

田口守一. 刑事诉讼法 [M]. 刘迪, 张凌, 穆津, 译. 北京: 法律出版社, 2000.

托克维尔. 论美国的民主 (上) [M]. 董果良, 译. 北京: 商务印书馆, 1988.

万毅. 台湾地区检察制度 [M]. 北京: 中国检察出版社, 2011.

万毅. 微观刑事诉讼法学——法解释学视野下的《刑事诉讼法修正案》[M]. 北京: 中国检察出版社, 2012.

王兆鹏. 美国刑事诉讼法 [M]. 北京: 北京大学出版社, 2014.

王泽鉴. 人格权: 法释义学、比较法、案例研究 [M]. 北京: 北京大学出版社, 2013.

韦伯. 社会学的基本概念 [M]. 顾中华, 译. 桂林: 广西师范大学出版社, 2005.

吴宏耀, 种松志. 中国刑事诉讼法典百年 (中册) [M]. 北京: 中国政法大学出版社, 2012.

谢佑平, 万毅. 刑事诉讼法原则: 程序正义的基石 [M]. 北京: 法律出版社, 2002.

亚里士多德. 政治学 [M]. 吴寿彭, 译. 北京: 商务印书馆, 1965.

张明楷. 刑法学 (上) [M]. 北京: 法律出版社, 2016.

张文显. 法哲学范畴研究 [M]. 北京: 中国政法大学出版社, 2001.

B N CARDOZO. The Nature of the Judicial Process [M]. NewYork: Dover Publications, 2012.

JOHN WILLIAM SALMOND. Jurisprudence [M]. 7th ed. London: Sweet & Maxwell, 1924.

二、论文

艾明. 调取证据应该成为一项独立的侦查取证措施吗？——调取证

据措施正当性批判[J]. 证据科学, 2016 (02).

陈聪. "紧急状态"的事实判定与法律规定[J]. 理论探索, 2015 (01).

陈全真. 区块链存证电子数据的司法适用[J]. 人民司法, 2019 (04).

陈卫东. 以审判为中心: 解读、实现与展望[J]. 当代法学, 2016 (04).

陈永生. 电子数据搜查、扣押的法律规制[J]. 现代法学, 2014 (05).

程金华. 检察人员对分类管理改革的立场——以问卷调查为基础[J]. 法学研究, 2015 (04).

段莉琼, 吴博雅. 区块链证据的真实性认定困境与规则重构[J]. 法律适用, 2020 (19).

法思齐. 美国法上数位证据之取得与保存[J]. 东吴法律学报, 2011, 22 (03).

傅郁林. 司法责任制的重心是职责界分[J]. 中国法律评论, 2015 (04).

顾培东. 再论人民法院审判权运行机制的构建[J]. 中国法学, 2014 (05).

顾永忠. 试论庭审中心主义[J]. 法律适用, 2014 (12).

郝宏奎. 论侦查信息化[J]. 中国人民公安大学学报, 2005 (06).

贺栩栩. 比较法上的个人数据信息自决权[J]. 比较法研究, 2013 (02).

胡铭, 王林. 刑事案件中的电子取证: 规则、实践及其完善——基于裁判文书的实证分析[J]. 政法学刊, 2017 (01).

胡铭. 电子数据在刑事证据体系中的定位与审查判断规则——基于网络假货犯罪案件裁判文书的分析[J]. 法学研究, 2019 (02).

季卫东. 论法制的权威[J]. 中国法学, 2013 (01).

季卫东. 司法体制改革的关键[J]. 东方法学, 2014 (05).

江振春. 美国"国家紧急状态"的前世今生[J]. 世界知识, 2019

(04).

姜峰. 法院"案多人少"与国家治道变革——转型时期中国的政治与司法忧思[J]. 政法论坛, 2015 (02).

金泽刚. 司法改革背景下的司法责任制[J]. 东方法学, 2015 (06).

李荣耕. 电磁记录的搜索及扣押[J]. 台大法学论丛, 2012 (03).

李若菊, 杨晓刚. 论信息战背景下的情报信息分析研判[J]. 吉林公安高等专科学校学报, 2012 (04).

梁智俊. 从汶川地震看宪法上的国家紧急权[J]. 西部法律评论, 2008 (05).

刘婵秀. 建构与生成：诉讼模式分化中的检察司法规律试析[J]. 河北法学, 2008 (09).

刘品新. 论区块链存证的制度价值[J]. 档案学通讯, 2020 (01).

刘涛. 美国紧急状态下的刑事司法：历史、述评与启示[J]. 环球法律评论, 2014 (03).

龙宗智. "以审判为中心"的改革及其限度[J]. 中外法学, 2015 (04).

龙宗智. 寻求有效取证与保证权利的平衡——评"两高一部"电子数据证据规定[J]. 法学, 2016 (11).

龙宗智. 影响司法公正及司法公信力的现实因素及其对策[J]. 当代法学, 2015 (03).

骆绪刚. 电子数据搜查扣押程序的立法构建[J]. 政治与法律, 2015 (06).

马克·内奥克勒斯. 紧急状态、资本主义和法治[J]. 南京社会科学, 2007 (04).

毛立新. 侦审阻断机制初探[J]. 政法学刊, 2006 (01).

裴炜. 论刑事电子取证中的载体扣押[J]. 法商研究, 2020 (04).

沈宗灵. 权利、义务、权力[J]. 法学研究, 1998 (03).

侣化强. 事实认定"难题"与法官独立审判责任落实[J]. 中国法学, 2015 (06).

孙远. 侦审关系侧面之审判中心主义的形式与实质 [J]. 当代法学, 2016 (04).

谭明, 罗林, 郎艳辉. 我国检察机关领导体制的决定因素、现状及发展方向 [J]. 湖北文理学院学报, 2013 (10).

万毅. 证据法学研究用语不规范问题初探 [J]. 证据科学, 2014 (02).

万毅. "敌人刑事诉讼法"?——《刑事诉讼法修正案》"一国两制"立法模式质评 [J]. 华东政法大学学报, 2015 (05).

万毅. 解读"技术侦查"与"乔装侦查"——以《刑事诉讼法修正案》为中心的规范分析 [J]. 现代法学, 2012 (06).

万毅. 刑事诉讼法上的"权力"概念: 反思与重构———以分析实证法学为中心 [J]. 政法论坛, 2016 (05).

万毅. 刑事诉讼法文本中"可以"一词的解释问题 [J]. 苏州大学学报 (法学版), 2014 (02).

万毅. 刑事诉讼中的扣押: 规范分析与法律解释 [J]. 法学, 2008 (07).

万毅. 证据法学研究用语不规范问题初探 [J]. 证据科学, 2014 (02).

万毅. 证据概念及其分类制度批判——法解释学角度的反思 [J]. 兰州学刊, 2015 (06).

王飞跃. 犯罪工具没收研究 [J]. 中外法学, 2010 (04).

王红霞, 等. 机遇、挑战与规范——论区块链证据的司法审查规则构建 [J]. 贵阳学院学报 (社会科学版), 2020 (03).

王建勋. 司法如何获得独立——法官行为与集体行动的困境 [J]. 学术界, 2013 (12).

王伦刚, 刘思达. 从实体问责到程序之治——中国法院错案追究制运行的实证考察 [J]. 法学家, 2016 (02).

王涌. 寻找法律概念的"最小公分母"——霍菲尔德法律概念分析思想研究 [J]. 比较法研究, 1998 (02).

王泽鉴. 人格权的具体化及其保护范围——隐私权篇 (上) [J].

比较法研究，2009（01）.

魏晓娜. 以审判为中心的刑事诉讼制度改革［J］. 法学研究，2015（04）.

武晓慧，周欣. 警察出庭作证制度的中国化进程［J］. 中国人民公安大学学报（社会科学版），2015（02）.

谢小剑. 司法责任制改革中检察一体化的完善［J］. 中国刑事法杂志，2017（05）.

谢佑平，宋远升. 检察官角色的冲突衡平与定位［J］. 国家检察官学院学报，2010（04）.

谢佑平，闫自明. 宪政与司法：刑事诉讼中的权力配置与运行研究［J］. 中国法学，2005（04）.

徐凤. 人工智能算法黑箱的法律规制——以智能投顾为例展开［J］. 东方法学，2019（06）.

闫永黎. 刑事诉讼中涉案财产的基本范畴［J］. 中国人民公安大学学报（社会科学版），2013（03）.

张建伟. 审判中心主义的实质内涵与实现途径［J］. 中外法学，2015（04）.

张明楷. 刑事司法改革的片段思考［J］. 现代法学，2014（02）.

张明楷. 论刑法中的没收［J］. 法学家，2012（03）.

张永利，吴婧. "信息战"与"传统侦查手段"相结合侦查方式之探讨［J］. 广西警官高等专科院校学报，2010（06）.

张蕴岭. 颠覆性的"数字革命"［J］. 世界知识，2019（14）.

郑戈. 区块链与未来法治［J］. 东方法学，2018（03）.

郑永流. "中国问题"及其法学辨析［J］. 清华法学，2016（02）.

周慕涵. 证明力评判方式新论——基于算法的视角［J］. 法律科学（西北政法大学学报），2020（01）.

周新. 刑事电子搜查程序规范之研究［J］. 政治与法律，2016（07）.

朱锡平. 自由裁量权的程序规范化研究［J］. 中国刑事法杂志，2011（04）.

朱孝清. 检察官相对独立论［J］. 中国法学，2015（01）.

邹瑜，夏莉娜. "五年普法"的由来［J］. 中国人大，2016（09）.

ORIN S KERR. Searches and Seizures in a Digital World［J］. Harvard Law Review，2005（119）：540－541.

WESLEY NEWCOMB HOHFELD. Some Fundamental Legal Conceptions As Applied In Judicial Reasoning［J］. Yale Law Journal，1913，23（1）：16－59.

三、电子资料

《中华人民共和国紧急状态法》（专家建议稿）立法释义［EB/OL］.［2020－02－17］. http://www.iolaw.org.cn/showNews.aspx?id=22239.

2020中国统计年鉴［R/OL］.［2020－12－10］. http://www.stats.gov.cn/tjsj/ndsj/2020/indexch.htm.

Computer Crime and Intellectual Property Section，Criminal Division，United States Department of Justice（2009）. Searching and Seizing Computers and Obtaining Electronic Evidence in Criminal Investigations［EB/OL］.（2015－01－14）［2021－06－22］. https://www.justice.gov/sites/default/files/criminal－ccips/legacy/2015/01/14/ssmanual2009.pdf.

Story from Policy & Regulation Unanimous Vote Advances Blockchain Bill in Arizona Legislature［EB/OL］.（2017－02－25）［2020－09－29］. https://www.coindesk.com/unanimous－vote－blockchain－bill－arizona.

德国联邦数据保护法［EB/OL］.［2020－05－26］. http://blog.sina.com.cn/s/blog_4fea09c60100x4vf.html.

国内诉辩交易第一案审结［EB/OL］.（2002－04－19）［2021－06－20］. https://www.chinacourt.org/article/detail/2002/04/id/3918.shtml.

可信区块链推进计划：区块链司法存证应用白皮书（1.0版）［R/

OL]. (2019—05—08) [2021—01—10]. http://www.trustedblockchain. cn/schedule/detail/2992.

全国检察机关办理涉疫情防控刑事案件情况 [EB/OL]. (2020—02—19) [2020—03—01]. https://www.spp.gov.cn/spp/xwfbh/wsfbt/202002/t20200219_454828.shtml.

佘祥林案案情简介 [EB/OL]. [2021—06—20]. http://news.sohu.com/s2005/shexianglin.shtml.

搜狐网：全国首例区块链存证判决诞生！电子取证助力司法公正 [EB/OL]. (2018—07—25) [2020—03—01]. https://www.sohu.com/a/243242325_468622.

孙伟铭交通肇事案案情简介 [EB/OL]. (2009—09—04) [2021—06—05]. http://scnews.newssc.org/system/2009/09/04/012307240.shtml.